农产品短视频与直播营销

◎ 毕静 黄亮 庞慧 主编

中国农业科学技术出版社

图书在版编目(CIP)数据

农产品短视频与直播营销／毕静，黄亮，庞慧主编．--北京：中国农业科学技术出版社，2023.3（2025.10重印）
ISBN 978-7-5116-6212-5

Ⅰ.①农… Ⅱ.①毕… ②黄… ③庞… Ⅲ.①农产品-网络营销 Ⅳ.①F724.72

中国国家版本馆 CIP 数据核字（2023）第 031474 号

责任编辑	张志花
责任校对	王　彦
责任印制	姜义伟　王思文

出 版 者	中国农业科学技术出版社
	北京市中关村南大街 12 号　　邮编：100081
电　　话	（010）82106636（编辑室）　（010）82109702（发行部）
	（010）82109709（读者服务部）
网　　址	https://castp.caas.cn
经 销 者	各地新华书店
印 刷 者	北京中科印刷有限公司
开　　本	140 mm×203 mm　1/32
印　　张	5.375
字　　数	135 千字
版　　次	2023 年 3 月第 1 版　2025 年 10 月第 3 次印刷
定　　价	35.00 元

◀━━ 版权所有·翻印必究 ▶━━

《农产品短视频与直播营销》
编委会

主　编：毕　静　黄　亮　庞　慧

副主编：刘　英　李　俊　贺　喻　郝蕊平
　　　　郭　璞　李　强　杨露露　侯　隽
　　　　杨荽验　曲凤海　李小双　高维云

前　言

近年来，短视频与直播风靡全网，占据了大部分的流量。一大批农民朋友开始把营销的重点放在了短视频与直播上。他们拿起手机，将农产品的种植、生长、收获和加工等全过程，以短视频与直播的形式，呈现在消费者面前，让消费者产生了不一样的体验感，并在一定程度上消除了消费者对食品安全的顾虑。

短视频与直播营销创新了农产品营销模式，为农产品直接对接广大消费者提供了渠道，打通了农产品到城市的道路，缩短了从生产地到市场的距离，降低了销售成本，使越来越多的农民走上了致富的道路。

为进一步推进农村电子商务建设，拓宽农产品销售渠道，帮助越来越多的农民掌握短视频与直播营销的知识和技能，全国各地纷纷组织开展了农产品短视频与直播专题培训。

本书的编写是为了适应农民培训，帮助农民快速掌握农产品短视频与直播营销的方法和技巧。本书共九章，分别为短视频与直播营销概述、短视频策划、短视频制作、短视频营销、直播策划、直播场景布置、直播营销技巧、农产品短视频与直播营销策略、农产品短视频与直播营销实战。本书内容全面，语言通俗，

农产品短视频与直播营销

简单易懂,具有较强的实用性和指导性。

由于编者水平有限,加之编写时间仓促,书中难免存在不妥之处,欢迎广大读者批评指正。

编 者

2023 年 1 月

目 录

第一章　短视频与直播营销概述……………………………（1）
　　第一节　短视频与直播的概念和特点………………………（1）
　　第二节　短视频与直播的平台和团队………………………（4）
　　第三节　农产品短视频与直播营销的优势…………………（13）
第二章　短视频策划……………………………………………（18）
　　第一节　短视频的选题策划…………………………………（18）
　　第二节　短视频的展现形式…………………………………（22）
　　第三节　短视频的内容创作…………………………………（24）
第三章　短视频制作……………………………………………（33）
　　第一节　常用的短视频拍摄工具……………………………（33）
　　第二节　短视频的拍摄方法…………………………………（37）
　　第三节　短视频的后期编辑…………………………………（54）
第四章　短视频营销……………………………………………（66）
　　第一节　短视频的发布………………………………………（66）
　　第二节　短视频的引流推广…………………………………（72）
　　第三节　短视频的用户运营…………………………………（76）
第五章　直播策划………………………………………………（81）
　　第一节　直播营销的设计……………………………………（81）
　　第二节　直播内容的策划……………………………………（86）
　　第三节　提升直播内容的吸引力……………………………（90）
　　第四节　编写直播脚本………………………………………（92）

第六章　直播场景布置……………………………………（95）
第一节　选择直播场地……………………………………（95）
第二节　布置直播环境……………………………………（97）
第三节　准备直播设备……………………………………（101）

第七章　直播营销技巧……………………………………（105）
第一节　塑造直播形象……………………………………（105）
第二节　掌握直播技巧……………………………………（106）
第三节　直播引流推广……………………………………（113）

第八章　农产品短视频与直播营销策略…………………（120）
第一节　找准农产品的卖点………………………………（120）
第二节　增加农产品的附加值……………………………（124）
第三节　创意农产品的包装………………………………（129）
第四节　巧定农产品的价位………………………………（133）
第五节　保证农产品的质量和服务………………………（138）

第九章　农产品短视频与直播营销实战…………………（140）
第一节　抖音短视频营销…………………………………（140）
第二节　淘宝直播营销……………………………………（150）

参考文献……………………………………………………（163）

第一章 短视频与直播营销概述

第一节 短视频与直播的概念和特点

一、短视频的概念和特点

(一) 短视频的概念

短视频是相对于长视频来讲的,长视频播放时间长,用户黏度强,像影视剧、综艺节目视频等均属于长视频;短视频播放时间短,但数量繁多、内容丰富,能够产生较高的浏览页面数,加之当下智能手机的普及、碎片化时间,人们更喜欢在移动端看一些短视频。短视频的播放时间短、随播随看,内容的多元化恰好满足了用户的不同偏好,已经被用户接受并深受用户喜爱。

短视频是一种视频长度以秒计数,主要依托于移动智能终端实现快速拍摄与美化编辑,可在社交媒体平台上实时分享和无缝对接的一种新型视频形式。

(二) 短视频的特点

与传统视频相比,短视频主要特点如下。

1. 结构短小,内容多样

短视频的时长一般在 15 秒到 5 分钟,由于时间有限,短视频展示出来的内容大多是精华,在开头的前 3 秒就要抓住用户的注意力。这也符合用户碎片化的阅读习惯，可以降低用户的时间成本。

短视频的表现形式是多元化的，有技能分享、幽默搞怪、时尚潮流、社会热点、街头采访、公益教育、广告创意、商业定制等内容，符合用户个性化和多元化的审美需求。

2. 拍摄门槛低，制作简单

短视频的制作门槛较低，实现了生产流程简单化，每个用户都可以使用手机等移动智能终端来实现短视频的拍摄、制作、上传和分享。如今大多数短视频 App 自带滤镜和特效功能，且简单易学，使用门槛很低。

3. 传播迅速，交互性强

短视频的传播门槛低，传播渠道多样，很容易实现内容的裂变式传播。用户不仅可以在平台上发布自己制作的短视频，还可以观看、评论、点赞他人的短视频，形成较强的交互性和社交属性。

短视频平台除了通过自身平台转发和传播外，还可以与微博、微信等社交平台进行合作，将内容精彩的短视频通过流量庞大的微博或微信朋友圈、视频号等进行分享，进而形成更多流量，推动短视频的传播范围进一步扩大。

4. 观点鲜明，信息接受度高

在快节奏的生活方式下，大多数人在获取日常信息时追求"短平快"，而短视频信息开门见山、观点鲜明、内容集中，容易吸引用户并被用户理解与接受，信息传达和接受度更高。

5. 指向性强，目标精准

与其他营销方式相比，短视频营销具有指向性优势，因为它可以准确地找到目标受众，实现精准营销。短视频平台通常会设置搜索框，对搜索引擎进行优化；而用户一般会在平台上搜索关键词，这一行为使得短视频营销更加精准。

二、直播的概念和特点

（一）直播的概念

"直播"一词由来已久,在传统媒体平台就已经有基于电视或广播的现场直播形式,如晚会直播、访谈直播、体育比赛直播、新闻直播等。《广播电视辞典》对直播的定义为:"广播电视节目的后期合成、播出同时进行的播出方式。"

随着互联网的发展,尤其是智能手机的普及和移动互联网的速度提升,直播的概念有了新的延展,越来越多基于互联网的直播形式开始出现。

在互联网时代,直播就是指网络直播,是指用户在手机或计算机上安装直播软件,利用摄像头进行实时拍摄和呈现,其他用户可以在相应的直播平台直接观看和互动。

（二）直播的特点

直播具有以下特点。

1. 娱乐性强,内容丰富多样

直播具有极强的娱乐性,可以满足用户碎片化的娱乐需求。不管是秀场直播,还是电商直播,主播选择的直播内容往往带有娱乐因素,能够让用户感受到快乐。不同的主播对应着各种类型的直播内容,如唱歌、户外、教学、电商卖货、产品发布会等,可以满足用户多方面的内容需求。

2. 即时互动,分享便捷

与图文、短视频等内容类型相比,直播具有更强的即时互动性。在网络直播中,不管主播的名气大小,都会与用户进行实时交流。在直播营销过程中,电商企业、品牌商在向用户呈现商品的营销信息时,用户可以针对营销信息发言互动,分享消费体验,实时反馈自己的意见,真正参与到企业的商品生产或营销活动中，这样既有利于增强用户的参与感，消除品牌与用户之间的距离感，还能调动直播间的氛围，促使企业进一步优化商品和不断完善营销活动。

用户在感受到网络直播带来的愉悦之后，可以通过发送链接或二维码将直播间分享到微信朋友圈、微博等社交平台，被分享者不需要进行额外的操作就可以准确、迅速地进入相应的直播间。

3. 身临其境，用户体验更真实

由于直播的实时互动性，直播所展示出来的内容无法经过后期加工，会让用户有很强的真实体验。因此，直播营销可以展示商品的生产环境、生产过程，让用户了解真实的生产制作过程，从而增加信任度。同时，直播商品的试吃、试玩、试用等过程可以让用户直观地了解商品的使用效果，从而刺激其购买欲望。

第二节　短视频与直播的平台和团队

一、短视频与直播运营平台

目前，短视频和直播行业常用的平台包括抖音、快手、微信视频号、淘宝直播等。

（一）抖音

1. 抖音概述

抖音隶属于北京字节跳动科技有限公司，最开始是一款音乐创意短视频社交软件（图1-1），上线于2016年9月，其主要用户群体为年轻人群。用户可以通过该平台选择歌曲，拍摄音乐短视频。2017年3月13日，某相声演员在微博上转发了一条其模仿者的短视频，短视频上有抖音 Logo，第二天抖音的"百度指数"就上升了 2 000 多。截至 2022 年 4 月，抖音月活跃用户数达 6.8 亿。

图 1-1　抖音 App 图标

抖音主要以输出短视频为主，但随着直播形势的发展，抖音也开通了直播功能，用户可以通过抖音直播展示才艺，分享生活，直播"带货"。

2. 抖音的特点

（1）**易操作，体验好**　抖音短视频的时长一般很短，拍摄门槛不高，每个人都可以在抖音进行或简单或复杂的创作。抖音的默认打开方式是进入"推荐"页面，用户只需用手指轻轻一划，就可以播放下一条视频，再加上短视频的全屏播放，降低了用户注意力被打断的概率，为用户打造了沉浸式娱乐体验。

（2）**活跃度高**　抖音平台的用户量大，用户更加丰富多元化，活跃度高，使用频次高，抖音用户对平台的黏性不断增强。

（3）**个性化推送**　抖音通过收集、整理和分析用户的数据信息，通过智能算法设置关联性，使得内容具有相关性，能够推送用户感兴趣的内容，实现个性化推送，从而引发用户的共鸣和持续关注，减少对用户的干扰，还可以帮助广告主找到精准用户。

(4) 参与性强　抖音会定期推出视频标签，引领用户参与到同一主题视频的创作中。这些视频标签激发了用户的创作灵感，创作出来的内容具有很高的参与感和娱乐性，所以被其他用户分享的概率也大大提升。

(5) 自我展示性强　抖音发展迅猛的一个很重要的原因是满足了用户进行自我展示的需求。特别是年轻人渴望被关注，有着很强烈的社交需求。而现在任何人只要拥有一部能够联网、可以拍摄视频的手机，就能随时随地进行短视频发布。用户可以随时随地使用抖音将自己的经历分享，并且得到他人的回应，产生互动。全民参与、全时互动等特点让抖音成为为用户提供人际交往价值的重要渠道。

(二) 快手

1. 快手概述

快手是北京快手科技有限公司旗下的短视频软件（图1-2），其前身是GIF快手，创建于2011年3月，是用于制作和分享GIF图片的一款手机应用。2012年11月，快手从纯粹的工具应用转型为短视频社区，定位是记录和分享用户生活的平台；截至2022年4月，快手月活跃用户数达4亿。

快手主要面向三四线城市以及广大农村用户群体。在发展过程中，快手并没有采取以明星为中心的战略，没有将资源向粉丝较多的用户倾斜，也没有设计级别图标对用户进行分类，这样做的目的就是让平台上的所有用户都敢于表达自我，积极地分享生活。

为了方便用户发布更多的"原生态"内容，快手的页面设计以简单、清爽为主，使用户更专注于内容。快手主页上只有3个频道，分别为"关注""发现""同城"，最上方两侧分别是导航菜单按钮和摄像机图标。点击导航菜单按钮，用户可以使用更

图1-2 快手App图标

多的其他功能。由于快手在功能设计上做减法,所以将这些功能选项隐藏在主页以外。

2. 快手平台的特点

(1) 商业化潜力大　随着拼多多、趣头条的上市,以三四五线城市为代表的新兴市场的潜力引起了诸多关注,在新兴市场寻求突破已成为当前移动互联网领域的趋势,而快手在这些新兴市场拥有较高的渗透率,商业化潜力很大。

(2) 重视用户使用体验　重视用户使用体验是快手始终坚持的理念。在商业化方面,为了防止过度打扰用户,快手利用商业化机制精确衡量商业化与用户体验及平台价值的关系,商业内容的点击率、播放时长、点赞、关注、评论、转化率等正面指标越好,就越能赢得更多的流量支持,自然投资回报率就越高。通过这套机制,快手鼓励创作者创造更多对用户有价值的商业内容。

(3) 强调真实、普惠　快手强调真实、普惠,以人为核心,重视用户关系,强调"拥抱每一种生活",分发算法更均衡,中腰部和长尾用户也有被看到的机会;同时鼓励用户之间互动社交,形成了以私域流量为核心的平台。

（4）垂直类内容成重点　作为一个拥有超大流量的内容聚合平台，快手的内容不仅范围广，也更细分，特别是垂直类领域的精细化运营在不断加强。快手重点发力美食、体育、政务、媒体、二次元、时尚、音乐、汽车、搞笑、宠物等垂直类内容，其"普惠流量"的特点为细分赛道的发展提供了良好土壤。

（5）变现能力强　庞大的用户量和粉丝的信任为快手的"达人"变现提供了多种可能性，如直播、电商"带货"、知识付费、广告等。快手为"达人"们提供了多种变现手段，哪怕是腰部和尾部主播，也能获得普惠流量和资源。

快手对主播的扶持逻辑是在公域流量中，通过活动等运营手段，帮助账号在短时间内获取更多粉丝；在私域流量中，帮助账号培养粉丝，进一步完成变现。这种长期积淀所形成的黏性社交关系是快手区别于其他直播"带货"平台的最大优势之一。

（三）微信视频号

1. 微信视频号概述

微信视频号是 2020 年 1 月 22 日腾讯公司官方微博正式宣布开启内测的平台，是继微信公众号、小程序后又一款微信生态产品。现如今腾讯在短视频越来越受到用户欢迎的背景下推出微信视频号，就是想要解决腾讯在短视频领域的短板，借助微信生态的巨大力量突围短视频。

微信视频号的入口在微信的"发现"页面"朋友圈"的下方（图 1-3），其视频时长为 3~60 秒，文件大小应小于 30MB，所以微信视频号的核心还是短内容。此外，微信视频号也支持用户发图片，最多发 9 张，文字描述最多为 1 000 字。微信视频号还能带上文字和公众号文章链接，而且不需要 PC 端后台，可以直接在手机上发布。微信视频号支持点赞、评论进行互动，也可

第一章 短视频与直播营销概述

以转发到朋友圈和聊天窗口,与好友分享。

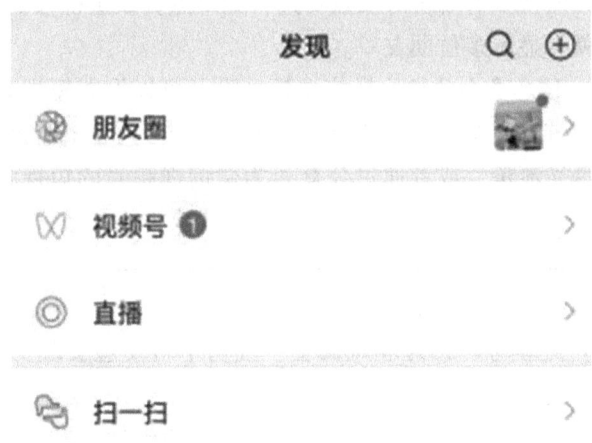

图1-3 微信视频号的位置

微信视频号成为微信生态重要的链接板块,打通原本零散的公众号、朋友圈、小程序、微店、直播等产品矩阵,相互链接导流,以微信视频号为核心的微信生态形成了更强大的生态体系,为短视频营销带来新一波红利。

2. 微信视频号的特点

(1) 社交推荐+个性化推荐 微信视频号目前的内容分发机制有两种:一种是社交推荐,另一种是个性化推荐。

有微信背后庞大的社交关系做支撑,微信视频号当然不会错过这一巨大优势,其对社交关系的重视也显得理所应当。相较于抖音、快手而言,视频号更侧重于社交分发机制。微信视频号上更多的是根据社交关系匹配内容,创作者的视频主要通过朋友圈、微信群等进行分发。

另外,微信视频号在页面上分为"关注""朋友♡""推荐"3个入口,分别对应兴趣推荐、社交分发和算法推荐。其中,

农产品短视频与直播营销

"朋友♡"会向用户推荐微信好友点赞过的短视频,短视频下方会显示该短视频有哪位好友点赞过,如果点赞该短视频的好友数很多,就会显示多位朋友♡。

(2)信息多向传播 微信视频号除了可以发布短视频以外,还能发布带有文章、链接的内容,插入公众号内容,给公众号带来一些曝光流量,或者通过公众号为微信视频号的短视频引流,提升内容在微信内部的流动性。这种形式或将改变微信内部的信息流向,将公众号内容的信息分发变为多向传播,带来新的用户行为和操作路径,从而带来一个新的机会。

(3)更容易转化为私域流量 任何平台要想实现长期的运营发展,其裂变拉新是永恒的目标,而微信视频号是基于微信这一社交平台诞生的,它镶嵌于微信内部,与微信是融为一体的,而非独立的。因此,微信视频号依靠的是来自于微信生态圈的所有用户,不需要再进行额外拉新,公域流量转化为私域流量的难度较小。

(四)淘宝直播

1. 淘宝直播概述

淘宝直播是阿里巴巴推出的直播平台,定位于消费类直播,用户可以一边看直播,一边与主播互动交流,领取优惠券,并选购商品等。用户最终做出购买决定的原因可能是直播场景中的某个瞬间激发起了他对商品的好感和购买的欲望,如名人推荐、强有力的折扣力度、良好的购物氛围等。

2. 淘宝直播的特点

淘宝直播是我国目前最大的直播电商平台,其特点如下。

(1)货源充足 由于淘宝成熟的电商基因,淘宝直播的货源充足,主播们不需要自己挖掘货源,这给很多缺少资金的小主播带来了机会。

(2) 转化率较高　淘宝直播拥有天然的电商基因,而且淘宝已经在商家和用户之间有了很高的知名度和信任度,与其他直播电商平台相比,用户更愿意相信已经运营十几年、有一定规模的淘宝。基于主播的个人魅力和平台的实力,用户产生购买决策的时间大大缩短,甚至购买频次也增加不少。因此,从转化率上看,在淘宝直播、抖音和快手3个平台中,淘宝直播的用户群体较大,且用户群体购物目的较为明确,整体来说转化率较高。

(3) 活跃用户数量较高　从活跃用户数量情况看,头部平台淘宝、拼多多、抖音的月活跃用户数量较高。2021年5月,电商平台中,淘宝、拼多多、京东的月活跃用户数量分别为75 090.7万、70 430.3万、30 218.1万;直播平台中,抖音、快手的月活跃用户数量分别为68 647.9万和41 351.5万。

二、短视频与直播团队的组建

(一) 短视频团队的组建

一般来说,短视频制作团队的人员配置与分工有以下3种情况。

1.1人配置团队

1人承包所有的内容制作工作。有的短视频制作者因经济受限等各种因素的影响自成团队,一个人包揽策划、拍摄、演绎、剪辑等全部工作,但是这种情况工作量很大,且制作时间成本较高,虽然不乏短视频策划与运营实战优秀者,但相对而言整体质量较为一般。

2.2人配置团队

因人员较少,2人配置的分工并不是很明确,通常2人都要承担策划、摄影、剪辑、出镜的工作,或者是一人身兼编剧和导演，另外一人承担拍摄和剪辑的工作。这种人员配置相比单人配置会轻松一些，但是整体任务量依旧比较大，要求两人综合实力要强，相对而言也比较艰难。

3. 多人配置团队

多人配置为3人及3人以上的成员组成一支内容制作团队，包括编导、摄影师、剪辑师等人员，各司其职。如果是一个标准的起步阶段的短视频团队，人员配置多在4~5人，包括编导、摄影、剪辑、演员、后期，各由1人负责，个人分工明确。

(二) 直播团队的组建

根据直播工作岗位、工作内容、工作流程等要素，个人或商家可以组建不同层级的直播运营团队。

1. 低配版直播运营团队

如果预算不高，那么可以组建低配版直播运营团队。根据工作职能，团队需要至少设置1名主播、1名运营。

这种职能分工方式对运营要求比较高。运营必须是全能型人才，懂技术、会策划、能控场、懂商务、会销售、能运营，在直播过程中集运营、策划、场控、助理等于一身，能够自如地转换角色，做到游刃有余。

设置1名主播的缺点在于团队无法实现连续直播，而且主播流失、生病等问题出现时会影响直播的正常进行。

2. 标配版直播运营团队

企业或商家选择直播带货，一般会按一场直播的完整流程所产生的职能需求组建标配版直播运营团队。

标配版团队的核心岗位是主播，其他人员要围绕主播来工作。标配版团队的岗位人员有1名主播、1名策划、1名场控和1名运营。如果条件允许，还可以为主播配置1名副播，协助主播完成直播间的所有活动。

3. 升级版直播运营团队

随着团队的不断发展,企业或商家应适当壮大直播运营团队,将其改造为升级版直播运营团队。升级版团队的人员更多,分工更细,工作流程也更优化,包括1名主播、1名副播、1名助理、1名策划、1名编导、1名场控、2名运营、2名店长导购、1名拍摄剪辑人员和2名客服。

第三节 农产品短视频与直播营销的优势

一、农产品短视频营销的优势

农产品营销的方式越来越多,包括网络营销、服务营销、体验营销、病毒营销、整合营销及社交营销等。短视频营销属于网络营销,也是具有巨大潜力的营销方式之一。与其他营销方式相比,农产品短视频营销具有很大的优势。

(一)成本低

与传统广告营销的资金投入相比,短视频营销的成本算是比较低的,这也是农产品短视频营销的优势之一。成本低主要表现在三大方面,即制作的成本低、传播的成本低及维护的成本低。

短视频是否能够迅速地传播,并不耗费太大的成本,关键在于如何打造短视频的内容,内容有没有真正击中受众的痛点和需求点。随着受众群体对短视频内容要求的不断提高,短视频的打造也慢慢开始向专业化、团队化方向发展。虽然制作短视频的门槛较低,但如果想要借助短视频的力量获得良好的营销效果,就必须以专业化团队的力量作为支撑,而且短视频营销也在逐渐向专业化的方向不断前进。

(二)互动性强

短视频营销很好地吸取了网络营销的优点——互动性很强。几乎所有的短视频都可以进行单向、双向甚至多向的互动交流。对于农产品销售者而言,短视频的这种优势能够帮助农产品销售者获得顾客的反馈信息,从而更有针对性地对自身进行改进;对于顾客而言,可以通过与销售者发布的农产品短视频进行互动,从而对农产品的品牌进行传播,或者表达自己的意见和建议。这种互动性使得短视频能够快速地传播,还能使得农产品的营销效果实现有效提升。

(三)效果好

短视频是一种时长较短的图文影音结合体,因此短视频营销能够带给消费者图文、音频所不能提供的感官的冲击,这是一种更为立体、更为直观的感受。短视频能做到农产品的种植、加工、包装整个流程的可视化,消费者会更放心地做出选择。

短视频营销的效果比较显著,除了因为画面感强之外,还因为短视频可与电商、直播等平台结合,实现更加直接的赢利。消费者可以边看短视频、边购买产品,这是传统的电视广告所不能拥有的优势,因为消费者在观看了电视广告之后,不能实现快捷购物,一般都是通过电话购买、实体店购买及网上购买等方式来满足购物欲望,但在这些方式中,消费者都不可避免地会遇到一些问题,如在电话中无法很好地描述自己想购买的商品的特征、不想出门逛街购物等。那么,利用短视频进行营销时,要符合内容丰富、价值性强、具有观赏性等特点。

(四)传播速度快

短视频营销还拥有传播速度快、难以复制的优势,因为短视频营销本身就属于网络营销,所以短视频能够迅速地在网络上传播开来,再加上其时间短,适合现在快节奏的生活,因此更能赢

第一章 短视频与直播营销概述

得广大受众的青睐和欢迎。

此外,顾客在与短视频进行互动的过程中,不仅可以点赞、评论,还可以转发。一条包含精彩内容的短视频,如果能够引发广大用户的兴趣并被他们积极转发,那么就很有可能达到病毒式传播的效果。

短视频平台除了自己转发和传播,还积极与新浪微博这样的社交平台达成合作,将内容精彩丰富的短视频通过流量庞大的微博发布出来,进而吸引更多的流量,推动短视频的传播。

(五)持续时间久

利用短视频进行营销的一个好处是它的"存活"时间比较久。这么说可能有点抽象,做个比较,如果想要利用电视广告持续向大众展示产品,就需要一直投入资金,一旦企业停止支付费用,就会遭到停播,而如果利用短视频进行营销的话,一时半刻不会因为费用的问题而停止传播,因此"存活"的时间久。这也和短视频打造的成本较低分不开。例如,快手、美拍、抖音上的短视频大多都是用户自己制作并上传的,所以与费用的关系不大。

(六)数据效果可视化

短视频营销较传统营销有一个明显特点,就是可以对视频的传播范围及效果进行数据分析,如分析点赞量、关注量、评论量、分享量等。不管是哪一类短视频,都能直观地看到播放量、评论量等数据。运营者可以通过数据分析,分析行业竞争状况,掌握行业风向,调整并及时优化短视频内容,从而达到更好的营销效果。

二、农产品直播营销的优势

直播营销是指在互联网时代,以直播平台为载体,通过视频直播的技术手段，在事件发生的现场同步制作和播出节目，以达到提升品牌、增加销售目的的网络营销模式。截至2021年底，中国在线直播行业用户规模达6.35亿人，约占总人口比例的44.94%，且呈现出稳步增长的态势。飞速发展的直播行业作为数字经济的重要一环，为提高我国就业率、促进区域经济发展和产能升级、助力复产复工与脱贫攻坚和乡村振兴做出了突出贡献。农产品直播营销的优势如下。

（一）全面直观，提升顾客信任

信任是影响顾客购买的重要因素，顾客更希望了解农产品的生产源头环节，以确定买到的食物是否安全无污染，而网络直播就能解决这一问题。通过直播打破了时间、空间的限制，拉近了买卖双方的距离，可以全面直观地展示农产品的种植与生长环境、生产过程、产品如何采摘、包装发货……采用这种可视化的方式，使生产及销售流程更加透明，让消费者更放心，对产品、生产者乃至销售店铺产生更高的信任。

（二）降低成本，提高销售效率

传统的电商平台为获取流量常采用打折降价、购物满减、赠品等活动方式，这些方式不仅成本高，而且会让消费者认为存在价格欺诈，从而降低顾客忠诚度。而直播相对于传统的电商更能迅速、大量拉动流量，使流量的购买及获取成本大大降低。传统电商模式下，顾客主要通过文字方式向卖家进行咨询，而卖家的销售答疑也主要通过文字方式一对一进行，咨询服务的工作量大而且效率低，若不能及时回应还会降低顾客满意度。而采用直播营销方式，卖家可以一次性解决对农产品的说明讲解和一些顾客存在的共性问题，从而大大减轻了人员负担，提高了工作效率，降低了人力成本。顾客在观看直播时还可以直接点击链接转换至产品频道下单购买，节省了顾客切换屏幕的时间，提高了销售效率。

(三) 实时互动，促成顾客及时购买

直播营销是以人为中心，实时互动的营销方式。在直播平台上，顾客可以通过关注、评论、分享等方式与主播互动，还可以邀请好友观看直播、进行线上下单。主播可以采取现场赠送小礼品、邀请顾客农场采摘体验等方式与顾客互动。这种互动能更好地带动销售气氛，通过及时回答顾客提问，消除顾客疑虑也有利于提高顾客的即时购买率。主播与顾客之间的即时互动，增强了传播者的亲和力，顾客也由被动的接受者转变为主动的参与者，这种高卷入度的状态有效提升了信息的传播效果。此外，农产品有冲动购买的特性，适合做团购，在直播过程中，主播与受众、受众与受众之间的实时互动容易营造热闹的氛围，形成团购，产生即时大量的销售效果。

第二章 短视频策划

第一节 短视频的选题策划

从长期来看，要想做好农产品短视频，短视频创作者一定要进行选题策划，找对方向，在内容上做好定位，这样才更容易创作出精品，吸引精准用户的关注，进而提升用户的黏性。

一、短视频选题策划的原则

不管短视频的选题是什么，其内容都要遵循一定的原则，并以此为宗旨，落实到短视频的创作中。

（一）以用户为中心

目前，短视频行业的竞争愈发激烈，用户对短视频的要求也越来越高，因此，短视频创作者一定要注重用户体验，以用户为中心，短视频的内容切不可脱离用户的需求。也就是说，短视频创作者在策划选题时，要优先考虑用户的喜好和需求，这样才能最大程度地获得用户的认可，并保证短视频的高播放量。

（二）保证价值输出

短视频的内容一定要有价值，要向用户输出"干货"。选题要有新意，从而激发用户产生收藏、点赞、评论和转发等行为，促进短视频的裂变传播。

(三)保证内容垂直度

在确定某一内容领域之后,就不要再轻易更换,否则会由于短视频账号的垂直度不够而导致用户不精准。因此,短视频创作者要在某一个领域长期输出有价值的内容,提高自己在该领域的影响力,这样更容易获得短视频平台的"头部流量"。例如,销售水果,可以长期发布一些水果种植、采摘、销售等相关的短视频。

(四)选题内容与运营相结合

做好选题并非意味着短视频一定会成为爆款,很多短视频创作者创作出来的短视频虽然画面精美、内容优质,但点击量很少,给其造成了不小的打击,其原因可能只是因为标题不合适。短视频的内容与标题的匹配度越高,就越容易被平台推荐,从而吸引用户点击观看。

另外,最好不要等到发布短视频时再构思标题,而应在选题策划时就把标题想好,起码要有一个大致的标题选词思路。这样一来,短视频创作者在确定选题之后可以迅速让短视频标题跟进热点,帮助运营人员在后续工作中向热点贴近。

(五)选题内容多结合行业或网络热点

短视频创作者要提升新闻敏感度,善于捕捉并及时跟进热点,这样制作出来的短视频就可以在短时间内获得大量的流量曝光,快速增加短视频的播放量,吸引用户关注。但是,并非所有的热点都可以跟进,如时政、娱乐、军事等领域,如果跟进不恰当的热点,就有违规甚至被封号的风险。因此,短视频创作者要尽量避开这些领域的内容,能不做就不做。

(六)远离平台的敏感词汇

当前,有关部门正在加强对短视频平台的管理,不断出台相关法律法规文件,而且每个短视频平台都对敏感词汇做出了规定,因此,短视频创作者要时常关注政策导向和平台出台的相关管理规范,以防因为触发敏感词汇而导致违规。

短视频创作者可以参考各种推荐渠道,从中找到标题的关键词,或者使用短视频数据平台中的热词分析功能来确定标题,避开敏感词汇。利用这个功能可以查看标题关键词的热度,短视频创作者可以通过关键词的热度来推断短视频的播放量。

(七)增强互动性

因为短视频中的内容要以用户需求为导向,所以短视频创作者一定要围绕用户来构架内容,其中很重要的一点就是互动性,而且互动性能够很明显地影响短视频的推荐量。

增强短视频互动性的方法主要有以下3种。

(1)选择互动性强的话题 用户普遍关注的热门话题往往会引发热烈讨论。

(2)有意识地引导用户 短视频创作者可以有意识地在短视频中加入一两句互动的话语,如"大家怎样清洗草莓?欢迎大家在评论区留言互动!"

(3)引发用户"吐槽" 短视频中可以出现一些常见的"梗",引发用户的集体"吐槽",这样也能吸引用户互动评论。

二、多渠道积累短视频选题

要想持续地输出优质内容,短视频创作者就必须拥有丰富的储备素材,因此,要建立选题库。建立选题库主要有以下渠道。

(一)日常积累

短视频创作者一定要养成日常积累选题的习惯,通过身边的人或事,以及每天阅读的书籍和文章等,将有价值的选题纳入选题库,训练自己发现选题的嗅觉。

(二)分析竞争对手的爆款选题

短视频创作者可以研究竞争对手的选题,搜集其选题,并进行整合与分析，从而获得灵感和思路，拓宽选题范围。短视频创作者可以进入卡思数据网站，获取竞争对手的账号数据，如粉丝量、集均点赞、集均分享、集均评论和爆款选题。

（三）收集用户想法

收集用户想法是一种自下而上的选题决策，可以帮助短视频创作者有效利用群体智慧，增强短视频的互动性，丰富短视频的内容。

收集用户想法的方法有以下两种。

（1）从自己的短视频账号评论或竞争对手账号评论中寻找有价值的选题　评论是短视频创作者与用户有效交流的渠道，它可以折射出用户的很多态度，如赞同、反对、质疑或者提出新的问题，这些都可以被发掘为短视频的选题。

（2）搜索关键词　在寻找选题时，短视频创作者可以使用不同的搜索引擎搜索关键词，常用的搜索引擎有百度、微博搜索、微信搜一搜、头条搜索等，然后对搜索到的有效信息进行提取、整理、分析与总结。

三、切入选题的方法

确定选题以后，短视频创作者可能会发现该选题与很多竞争账号中的内容相似。对于相似的选题，短视频创作者要选择不一样的切入点，以避免内容同质化，这样才能有机会制造话题爆点，超越竞争对手。

在确定选题以后，短视频创作者要设想竞争对手会怎么做，尤其是一些大家都想"蹭热点"的话题。当对竞争对手的观察足够细致和深入时，就会对其经常采用的短视频形式了如指掌，这时就要寻找到与竞争对手不同的切入点，并列出若干个，从中找出最佳方案。

短视频创作者在切入选题时，要注意以下3点。

(一) 有效整合各种物质要素

短视频创作者做短视频少不了资源方面的支持，如物力、财力、人力等物质要素，有效地整合这些物质要素，可以为短视频的创作提供极大的便利，否则就会步履维艰。

(二) 以兴趣为支撑

"兴趣是最好的老师"，如果短视频创作者对某一领域有着浓厚的兴趣和饱满的热情，那么就可以支撑其在某个方向深耕，持续产出优质内容，深化内容的垂直性。不过，兴趣和专业不同，如果只有兴趣，但没有专业能力，也无法保证短视频创作者持续地创作出优质的短视频。因此，要想判断自己是否可以在选择的领域内深耕下去，短视频创作者要先对比同行业的头部账号，分析其短视频内容的深度和价值属性，判断凭借自己的兴趣是否能够稳定而持续地产出优质短视频。

(三) 及时调整选题

短视频创作者在刚开始做短视频时，可能会有一段试错的路要走。一般来说，短视频创作者要先持续发布作品10天以上，并密切关注数据变化，以此来做预估和调整，然后判断是按照既定的选题做下去，还是调整选题方向或者内容形式。

在试错的过程中，短视频创作者要衡量短视频制作成本与短视频播放量、账户粉丝量的对比情况，从而把握账号的走向和市场情况，最后做出是否调整选题的决定。

第二节 短视频的展现形式

短视频的展现形式定位决定了用户会通过什么方式记住短视频的内容及账号。农产品短视频的展现形式主要有如下7种。

一、短纪录片型

短纪录片呈现乡村的生态景观、建筑特色以及日常生活等,聚焦农民的人生百态,具有微观纪实的特点。其内容上也呈现出"微叙事"的特征,对于受众而言,每一条短视频都是一个独立的短纪录片,真实、鲜活是其不变的底色,直观的画面也使遥远的乡村生活变得生动立体。

二、"网红"型

除了依靠丰富的视频场景、优质的视频内容,短视频博主在传播活动中也形成了自身鲜明的人物形象与个人品牌,这是内容变现的关键一步。"巧妇9妹"通过在视频中呈现自家种植的果园、亲手腌制的家乡特产咸鸭蛋等美食,已经转变成具有个人特色的农副产品品牌。长期以来通过视频"亲眼见证"果树从种植到结果的生长过程,以及所有食物就地取材的真实记录,受众对品牌产生信任与认同。

三、"草根"型

以快手为代表,大量"草根"借助短视频风口在平台上输出基于"三农"的搞笑内容,这类短视频虽然存在一定争议性,但是在碎片化传播的今天也为网民提供了不少娱乐谈资。

四、情景短剧型

"陈翔六点半""报告老板""万万没想到"等团队制作的内容大多偏向此类表现形式,该类视频短剧多以搞笑创意为主,在互联网上引发了非常广泛的传播。

五、技能分享型

随着短视频热度不断提高,技能分享类短视频也在网络上引发了广泛的传播。例如,美食制作(如"泥土的清香""西北小强""老农记食")、大食量吃播(如"苗阿朵美食""陈说美食"),以及农业技术指导(如"付老师种植技术团队")等。

六、街头采访型

街头采访也是目前短视频的热门表现形式之一,其制作流程简单,话题性强,深受都市年轻群体的喜爱。

七、创意剪辑型

利用剪辑技巧制作或精美震撼或搞笑幽默,或加入解说、评论元素等,是不少广告主利用新媒体短视频热潮植入广告的一种方式。

第三节 短视频的内容创作

一、短视频内容创作方法

很多爆款农产品短视频看似一夜爆火,其实背后没有那么简单,这样的短视频大多是在精准定位、选题策划的基础上,打造出了高质量的内容,满足了用户的观看需求。农产品短视频创作者要想打造高质量的内容,需要遵循以下创作方法。

(一)创作垂直化内容

如今短视频行业早已从之前的"野蛮生长"走向了"精耕细作",用户更愿意为专业化、垂直化的内容买单,这就要求创

第二章 短视频策划

作者确立垂直化的内容创作方向，专注于某一领域，持续深耕，提高账号的辨识度，输出不一样的内容，为用户提供有深度的信息，从而吸引该领域的目标用户。

专业化的内容更具生命力和吸引力，标题和文案写得再好，如果内容没有价值，依然难以留住用户。打造能给用户带来收获、快乐和感动的视频内容，需要创作者具备专业的知识和能力。人的精力和时间都是有限的，所以创作者应专注于某一个垂直细分领域，最好是自己深耕多年的领域，这样就会有源源不断的素材，可以用较少的精力生产出专业、有价值的内容。

短视频的内容越垂直，就越容易引起特定用户的关注，而在垂直化内容的基础上加以深度挖掘，注重细节的体现，就可以保证用户的黏性，从而构建更为稳固的用户群体模式，最终获取经济效益。例如，农产品短视频不仅要给人们带来美的视觉享受，还要让人们从农产品短视频的内容中获得一定的知识技能，满足人们对知识的渴求。

(二) 坚持内容原创

随着短视频行业的发展，搬运类的短视频越来越难以获得用户的关注，也不会受到平台的推荐，"蹭热点"和模仿类的短视频可能会火一时，但获得长期且大量粉丝增长的可能性很小。短视频平台鼓励原创，会给原创内容分配更多的流量，因此，原创内容才有未来，创作者必须大力提高短视频内容的原创度。这就要求创作的短视频要充满个性和创意，在内容上与众不同。

要想持续产出高质量的创意短视频，就要打造有创造力的团队，引进优秀人才，如编剧和策划，在拍摄前想出好的创意，并与短视频内容相融合。团队可以定期开选题会，一起进行头脑风暴，发散思维，串联起片段式的想法，形成新的创意，从而持续产出新的选题。团队还可以创建素材库，将平时收集到的创意素材储存到素材库中，当需要类似创意时，可以直接取用，进行创造性加工，从而完成最终的创意内容。

（三）为用户提供价值

现在短视频的内容越来越丰富，用户的欣赏品位也越来越高，他们只关注对自身有价值的短视频。因此，要想让短视频成为爆款，创作者就必须在短视频中为用户提供价值。

短视频的价值主要体现在以下3个方面。

1. 提供知识

人们需要不断地在生活和工作中吸收新的知识，学习新的方法，丰富自身的知识储备，提升自身的能力水平。当短视频可以为用户提供他们想要学习的知识时，自然会得到他们的认可，甚至成为其生活和工作中不可缺少的一部分。

短视频提供的知识要符合以下要求。

（1）实用　可以很快应用到生活和工作中，并获得良好的效果，如打开核桃的小窍门。

（2）专业　具有一定的深度，能够丰富用户的知识量，如核桃加工为核桃油、枣夹核桃等。

（3）易懂　讲解透彻，用户一看就能理解，而技能类知识可以让用户根据操作步骤或方法轻松上手实践，如琥珀核桃的加工方法。

2. 提供娱乐

娱乐性的内容可以帮助用户缓解疲劳和压力，让人心情放松，这也是短视频能够为用户提供的重要价值。如今，很多垂直类账号在传播自身领域内容的同时，会或多或少地以娱乐化内容来展现，降低用户的接收门槛，让用户在轻松、愉悦的同时获取该领域的信息。

3. 提升用户的生活质量

人们在日常生活中会遇到各种问题，如果不解决这些问题，生活质量就可能会受到影响。如果短视频中的内容可以为用户提供解决方案，帮助其解决问题，提升用户的生活质量，那么用户就会认为短视频内容非常有价值，从而对短视频进行点赞和转发分享。

(四) 引发用户共鸣

短视频的内容往往会反映出创作者的价值观念，而这个观念是否能够与用户的观念趋于一致，是能否获得用户认同的重要影响因素。要想让短视频内容更好地打动用户，并使其产生共鸣，创作者可以在其中融入情感价值，使内容本身富有深意，从而引发用户的思考。

二、短视频内容创意方法

农产品短视频创作者要想持续生产优质内容，就要找到正确的内容创意方法，然后按照这些方法进行操作，这样才能做好短视频的持续运营。

(一) 搬运法

搬运法是指从别的地方把一些自己认为不错的内容搬运过来作为视频素材进行二次创作，然后发布到自己的短视频账号上的一种方法。搬运法需要讲究技巧，不能直接照搬照抄他人的内容，而要对内容进行深加工和个性化创新。

1. 内容搬运的渠道

短视频内容搬运的渠道通常有以下3种。

(1) 社交媒体　各大社交媒体是成熟的内容制作平台，如微信公众号、百家号上的图文信息，微博里的热搜信息，以及今日头条、抖音、快手里的各种短视频等，都可以作为搬运的内容。短视频创作者要善于在社交媒体上发现有创意的内容，并将其应用到自己的短视频创作中。

（2）视频网站经典影视剧　优酷、爱奇艺、腾讯视频等视频网站平台有很多经典的影视剧都非常吸引人，短视频创作者可以重新演绎这些经典影视剧中的片段，也可以重新剪辑某些经典镜头，从而创作出非常精彩的短视频作品。

（3）关注名人　名人本身自带巨大的流量，其一言一行都容易成为热点。借助名人效应，短视频创作者也可以创作出令人瞩目的短视频内容。

2. 对内容进行创新加工

短视频创作者时刻都要明白"搬运≠照抄"。对搬运的内容进行创新加工，赋予其自身特色，就可以让其焕发出新的光彩。在对搬运内容进行创新加工时，可以采用以下3种方法。

（1）创新展现形式　创新展现形式是指改变原来内容的展现形式。例如，如果搬运的内容是纯文字的，那么在进行视频展现时，可以把纯文字的内容转换为人物的台词，使用方言、说唱等人物表演的形式来呈现。

（2）创新内容　创新内容就是对搬运的内容进行加工改造。例如，如果搬运的内容是讲解道理的，就可以通过视频把这个道理讲成一个故事，这样用有剧情的故事来呈现比单纯地讲道理更能引起用户的情感共鸣。

（3）创新框架结构　创新框架结构也是一种对搬运内容进行创新加工的方法。例如，如果搬运的内容有一个大的框架，就可以把这个大的框架分成几个小板块。

（二）模仿法

在短视频平台中，一个常态化的现象就是一旦某个题材的视频爆火之后，就会有很多人竞相模仿，分享这个题材带来的热度，这就是模仿法。短视频创作新手由于创意有限，还不具备创作原创内容的能力，所以可以通过模仿来积累创作经验。通过模仿甚至可以创作出比原视频更具创意的短视频，这是一种帮助短视频创作者快速找到内容创意方向、实现快速引流的有效方法。模仿法又分为随机模仿和系统模仿。

1. 随机模仿

随机模仿是指短视频创作者发现哪条短视频比较火爆，就参考该条短视频拍摄同类型的短视频。

2. 系统模仿

系统模仿是指短视频创作者寻找一个与自己短视频账号运营定位相似的账号，对其进行长期的跟踪与模仿。短视频创作者要先分析该账号中短视频的选题方向、拍摄手法、运营策略等，然后将其运用到自己的短视频创作中，进行模仿拍摄。在模仿时，短视频创作者可以加入一些新的创意，从而形成自己的风格。

（三）扩展法

扩展法是指运用发散思维，由一个中心点向外扩散、不断延展内容的方法。扩展法又可以分为以下3个层次。

1. 人物扩展

运用扩展法首先要进行人物扩展。拿一张白纸，先画一个正方形，再将其分割成九宫格，然后将核心关键词写在正中间的格子内。将与核心关键词相关的联想任意写在旁边的8个格子内，尽量用直觉思考，不用刻意寻求正确答案。尽量扩充8个格子的内容，鼓励反复思考、自我辩证，可以修改先前写下的内容。

2. 场景扩展

罗列出人物扩展关系以后，下一步要围绕人物扩展关系进行场景扩展，这样角色之间的冲突关系就会在每一个场景里都体现出来。短视频创作者可以扩展出多段对话，为短视频内容创意提供参考。这种方法能够持续不断地扩展出符合现实场景的多种内容创意思路。

3. 事件扩展

有了人物和场景以后，还需要构思事件，进行事件扩展。选取"种植技术员和农民学员"这组人物，选择"葡萄园"这个场景，可以扩展出若干个事件，如种植技术员正在教农民学员整形修剪。有了具体的事件以后，就可以根据事件编写出对话和动作，作为情景短剧进行演绎。

(四) 五步创意法

五步创意法，顾名思义就是需要用 5 个步骤来完成创意内容，具体如下。

步骤一：收集原始资料。原始资料分为一般资料和特定资料。一般资料是指人们日常生活中所见所闻的令人感兴趣的主题事实；特定资料是与主题有关的各种资料。短视频创作者所需要素大多从这些资料中获得，因此，要获得有效的、理想的创意，原始资料必须丰富。

步骤二：内心消化。思考和检查原始资料，对所收集的资料进行理解性的吸收。

步骤三：放松自己。在这一阶段，短视频创作者尽量不要去思考有关问题，一切顺其自然。简而言之，就是将问题置于潜意识之中。

步骤四：产生创意。如果短视频创作者认真完成了上述 3 个步骤，那么灵感就会自然而然地出现。换言之，创意往往是在竭尽心力、停止有意识的思考后，经过一段停止搜寻的休息与放松后出现的。

步骤五：修正创意。一个新的构想不一定很成熟、很完善，它通常需要经过加工或改造才能符合现实情况。

(五) 嵌套法

嵌套法就是在故事里套故事、在场景里套场景，使视频内容更丰富有趣、信息量更大。具体来说，嵌套法的应用方法如下。

一是制作一个故事脚本。

二是制作另一个故事脚本。

三是通过一个嵌入点，把第二个故事脚本嵌入第一个故事脚本。

四是如此循环往复。

短视频创作者在生活中要注意观察，积累短视频创作素材，如果在媒体平台中看到有趣的素材，但是这个素材又太短，不足以拍成一个完整的短视频，就可以运用嵌套法，把素材嵌入已有的故事，让视频内容更丰富有趣、信息量更大。

利用嵌套法，短视频的信息量就会增加，表达就会更具戏剧性，更能引发用户观看的兴趣。因此，合理利用嵌套法对提升短视频的内容创作质量大有裨益。

三、农产品短视频内容创作要点

（一）巧扣热点做好内容策划

什么样的内容观众感兴趣？虽然不同的人有不同的兴趣点，但也有共性，那就是对热点的关注。短视频等的创作，就可以围绕热点展开。一些原产地的名优特产，如果能用短视频的形式，结合时下热点，展示新农民的新面貌，这样的内容是非常吸引人的。

（二）内容体现新农村新风貌

农村现在到底怎么样？这是很多城市人最感兴趣的。在乡村振兴的大背景下，农村正在发生着翻天覆地的变化。用短视频来展示新农村新风貌，是一种很好的营销。好山好水才能出好的农产品，只有充分亮出新农村的"新名片"，才能吸引消费者关注这片土地上出产的优质农产品。新农村的新风貌，可以是农村的人文、农村的田园风光，也可以是农民的精神风貌和农家趣事。

新农村生活的点点滴滴，都是好的短视频素材，都能够对农产品的营销起到很好的促进作用。

(三) 乡情就是日常生活

乡情就是日常生活。短视频里，除了直观展示乡村场景，还可以表现乡情。乡情可以为农产品的营销打下很好的情感基础。

(四) 简洁化、场景化

不同于其他构图精美、镜头质感十足的电影电视作品，农村电商创作者的短视频大多呈现的是简单甚至粗糙的视觉画面，没有精细的剪辑技巧，也没有背景音乐加以渲染衬托。这些短视频常用同期声画面呈现出乡村生活的常态，增加了受众的情景代入感和主观体验感。

(五) 突出农产品优势直接表现

短视频的最大优势是生动直观，一目了然。因此，用短视频来进行农产品营销是非常合适的。那么，怎么样拍才能打动观众的心，激发他们的购买欲望？下面以水果为例。

第一，新鲜。产地直销，现买现摘。拍摄水果类短视频可展示果园全景和摘果子的镜头。

第二，好看。很多人吃过水果，但没有见过果实挂满枝头的情景，拍摄可以用近景、中景展示果实挂满枝头的情景。

第三，好吃。好吃是水果最重要、最吸引人的亮点，可以展示现摘水果、当场试吃的情景，对于水果的打开过程用近景展示，表现其多汁的果肉。镜头的冲击力能大大激发观众的购买欲望。

第四，物流保证。新鲜的农产品能快速到达购买者手中非常重要，要有充分的物流保证才能让观众坚定购买的决心。短视频中只要能充分展示农产品的优势特色，并且能保证又快又好地让购买者收到，这样的短视频营销往往能取得不俗的销售成绩。

第三章 短视频制作

第一节 常用的短视频拍摄工具

短视频的拍摄需要用到各种拍摄工具。主要包括拍摄设备、辅助拍摄器材以及灯光设备。

一、拍摄设备

短视频的拍摄设备主要有手机、微单和单反相机。

（一）手机

目前人们拍摄短视频用得最多的拍摄设备就是手机。

1. 手机的优势

一是轻便灵活，便于随身携带，可以随时拿出来拍摄，以免错过精彩瞬间。

二是具有强大的美颜功能，包括美白、磨皮、瘦脸、滤镜等，这些都已经成为人们在日常拍摄中经常使用的功能。

三是在手机被充满电的情况下，一般可以连续拍摄3小时，有着极强的续航能力。

四是拥有全自动对焦功能，在拍摄时焦点的选择可以交给手机自动处理。

2. 手机的劣势

与专业设备相比，手机主要有以下劣势。

一是镜头能力弱。手机镜头的分辨率与专业设备相比较低,由于手机采用数码变焦功能,会把远处的物体直接放大,或者拍摄者移动机身取景,其图像质量相对较差。

二是成像质量较差。受到体积和成本等因素的制约,手机摄像头的成像芯片质量较差,所以拍摄出来的短视频画面在放大以后可能会变得模糊不清,色彩还原度也不高。

三是对光线和设备的稳定性要求高。如果使用手机拍摄短视频,在室内或夜晚光线不足时影像会模糊不清,镜头轻微抖动也会造成短视频画面模糊。

(二)微单

如果团队的预算有限,但又想改进短视频的画质,可以考虑使用微单。下面有3款微单可以参考选择。

一是佳能M6MarkⅡ,拥有3 250万的超高像素,还可以拍摄出无裁剪4K分辨率的超高清视频。

二是索尼A6400微单相机,这款相机属于入门级微单相机,但是它的视频拍摄能力很强。它不仅可以拍摄4K分辨率的视频,而且在对焦上采用的是4D对焦系统,还可以做到自动实时追焦。

三是索尼ZV-E10微单相机,具有轻量小巧的特点,在拍摄短视频中非常方便,并且它也支持4K分辨率视频的拍摄,还自带了自拍美颜功能。

(三)单反相机

当团队发展到稳定阶段,面向更广大的用户,甚至承接电商短视频广告时,对画质和后期的要求会越来越高,这时就需要考虑使用更为专业的单反相机拍摄短视频了。

单反相机的成像质量比微单和手机好,使用单反相机拍摄出来的画面更加清晰。单反相机的镜头样式多,包括定焦镜头、短焦镜头、长焦镜头等,可以满足更多的场景拍摄要求。

但是，单反相机的缺点也很明显，主要表现在3个方面。

一是过于笨重，常规的单反相机重量为800~1 300克，拍摄者长时间将其端在手上对体力是个不小的考验。

二是调整参数比较复杂，拍摄者必须熟悉快门、光圈、ISO感光度等参数之后才能灵活操作，否则会影响拍摄效果。

三是电池续航能力差，很容易过热关机，在拍摄者外出拍摄时需要带上备用电池，或者找到稳定的电源供给。

二、辅助拍摄器材

拍摄短视频的辅助器材有很多，常用的有三脚架、稳定器、滑轨、摇臂、话筒等。

（一）三脚架

三脚架是短视频创作者拍摄短视频必备的基本工具之一，可以防止拍摄设备抖动而造成的视频画面模糊。三脚架有很多种，有适合相机使用的，有适合手机使用的，还有适合放在桌面上使用的短三脚架。如果要拍摄在桌面上手工制作、写字、画画等短视频，短三脚架是最合适的选择。

由于短视频拍摄对画面比例的要求不同，有的需要横屏，有的需要竖屏，若横屏拍摄一次，竖屏拍摄一次，就会费时费力，甚至出现细节差异，这时不妨使用多机位的三脚架同步拍摄，可以大大提升拍摄效率。

（二）稳定器

当在拍摄人物追逐、骑单车、玩滑板等户外运动画面时，人物的运动速度很快，摄影器材要跟随人物运动。如果拍摄者手持拍摄设备，拍摄出来的画面会抖动得非常厉害，观众在观看时很容易头晕、烦躁，甚至会立刻把短视频关掉，以致影响短视频的完播率，而在拍摄设备上安装稳定器可以很好地解决这个问题。

稳定器的工作原理：在多个方向安装移动轴，由内设电子稳定系统，如陀螺仪传感器计算出运动中的晃动方向和晃动距离，然后施以反向运动来抵消运动过程中的抖动。目前，稳定器主要分为两种：一种是手机稳定器；另一种是相机稳定器。

（三）滑轨

如果人物或物品不移动，短视频中长时间呈现的固定画面会显得很死板。为了实现动态的效果，拍摄者可以使用滑轨让拍摄器材进行平移、前推和后推等操作。镜头前推可以营造出一种接近目标的感觉，镜头后推可以营造出一种娓娓道来的感觉，镜头平移或者围着目标旋转，可以拍摄出动感的画面，给观众以代入感，使短视频看起来更流畅。

（四）摇臂

摇臂可以极大地丰富镜头语言，增加镜头画面的动感和多元化，让观众产生身临其境的感觉。摇臂拥有长臂优势，使用它能够拍摄到其他摄像机不能捕捉到的镜头。不过摇臂的价格较高，个人或小团队，可以用一些能够平稳运动的设备（如小推车、滑板、自行车等）代替。

（五）话筒

在室内拍摄短视频时，由于拍摄现场比较安静，拍摄距离较近，手机和相机自带的收音设备一般可以满足收音需求。但是，当拍摄设备距离人物超过 2 米时，人声会与环境噪声混杂在一起，影响收音效果，这时就要用到话筒。

话筒分为有线话筒和无线话筒。有线话筒的收音效果要更好一些，而且不会受到电池的影响，在拍摄农民人物访谈等短视频时可以用有线话筒，将其夹在人物领口即可。当在室外拍摄活动场景类的短视频时，如运动或互动短剧，人物需要灵活地走动，这时就要用到无线话筒。当然，不管是有线话筒还是无线话筒，都要注意风噪问题，使用防风套能够很好地解决这个问题。

三、灯光设备

摄影是光影的艺术，灯光造就了影像画面的立体感，是影像拍摄中的基本要素。在短视频室内拍摄中，最常用的灯光设备主要是伞灯和柔光灯。

（一）伞灯

将不同质地和规格的反光伞装在闪光灯上方就成为伞灯，其特点是发光面积大，光线柔和，反差弱。

（二）柔光灯

在闪光灯上加上柔光罩，就成为柔光灯。柔光灯所发出的光是由闪光灯发出的直射光与反光罩的反射光混合后，再经柔光罩透射扩散而成的，其特点是照明均匀且充足，光线柔和，但方向一般强于伞灯，反差清晰，投影浓于伞灯，具有良好的层次表现。

第二节　短视频的拍摄方法

一、短视频拍摄布景

拍摄者要想提升画面的整体品质，就要对短视频的场景进行重新布置。

（一）更换背景

在短视频中，背景虽然不是最主要的关注点，但对画面的整体形象有很大的影响。背景的面积往往在画面中占比最大，虽然人们的视觉焦点不在画面背景上，但是画面背景影响画面中主体的形象气质，也影响短视频的整体风格基调。要想更换短视频背景，拍摄者要根据短视频节目的内容和定位来确定。

如果短视频节目主要取外景，更换背景只需更换拍摄场地即可，而拍摄者要想在室外把布景做得非常好是很困难的，需要耗费的时间成本和物质成本很大，而且也很难出现想象中的效果。对于短视频创作来说，最实惠的做法就是遵循减法原则进行外景取景，即尽量找一个简单、干净的背景，而在这种模式下想形成一个比较完整的风格就要靠后期剪辑包装了。

如果短视频节目主要取内景，拍摄者可以用墙面作为背景，把墙面刷成任意想要的颜色，或者在墙面上增加一些书架、花卉、照片等物品来进行装饰。这种方法成本低、效果明显，适用于短视频小团队操作。

（二）布置好装饰品

拍摄者在布置装饰品时，使用装饰品的样式不用太多，只要能够突显品质感即可。装饰品的布置要遵循两个原则：一是装饰风格要与短视频节目的风格调性相符，例如，农产品类短视频的装饰风格最好不要幽默搞笑风，以免让观众产生错乱感；二是装饰品不能过于抢眼，喧宾夺主，以免让观众忽略短视频的内容，只记得短视频中出现的装饰品，而完全背离了拍摄者的初衷。

（三）使用绿幕

绿幕在电影特技中很常用，因为电影中的很多场景在现实中很难实现，必须借助绿幕来实现。绿幕的优点是便于软件处理，幕布的颜色部分设置成透明，加上需要的背景，主体特效就出来了。在创作短视频时，拍摄者可以在绿幕环境中拍摄，然后用软件将画面内容抠出，与背景进行合成即可。不过，这种方式需要专业的后期人员，成本也会增加，所以不建议短视频小团队采用。

二、画面景别的设计

景别是指在焦距一定时，摄像机与被摄主体的距离不同，而造成被摄主体在摄像机录像器中所呈现出的范围大小的区别。景别一般可划分为 5 种,由近至远分别为特写、近景、中景、全景、远景。交替使用各种不同的景别可以使短视频的剧情叙述、人物思想感情表达、人物关系的处理更具表现力,从而增强短视频的感染力。

(一) 特写

特写是指拍摄一件物品或一个人的某一细节的镜头。特写的画面内容比较单一,可以起到放大形象、强化内容和突出细节的作用。

在表现人的角色时,特写可以突出角色的面部表情和细节动作,如吃苹果的面部表情,使观众更容易理解角色性格、内心活动和复杂的关系;在表现物品时,特写可以很好地表现物品的线条、质感和色彩等特征。另外,在有故事情节的短视频中,物品的特写还可能隐藏着重要的戏剧因素。

环境因素在特写画面里几乎可以忽略不计,因为这时观众的视觉已经被特写画面所占据,观众不易观察到特写画面中人或物品所处的环境。因此,拍摄者可以利用特写来转换场景和时空,以避免不同场景直接连接在一起产生的突兀感。

(二) 近景

近景是表现人物胸部以上或景物局部面貌的画面,常被用来细致地表现人的面部神态和情绪。因此,近景是将被摄主体推到观众眼前的一种景别。

在近景画面中,环境空间被淡化,处于陪体地位。在很多情况下,拍摄者利用一定的手段将背景虚化,背景环境中的各种造型元素都只有模糊的轮廓,这样有利于更好地突出主体。

(三) 中景

中景主要用于表现人物膝部以上的部分或场景的局部画面,

由于取景范围较宽，可以在同一画面中拍摄几个人的活动，所以有利于交代人与人之间的关系。在短视频拍摄中，中景的使用较多，大都用于需要识别背景或交代动作路线的场合。

中景不仅可以加深画面的纵深感，表现出特定的环境与气氛，而且通过镜头的组接，还能把某一冲突的经过叙述得有条不紊，所以常用于叙述剧情。因此，中景是人物活动拍摄中最主要和最常用的景别。

在拍摄中景画面时，拍摄者要注意拍摄角度、演员调度和姿势等的灵活变化，尤其是拍摄人物的中景时，不要把画面卡在人物的腿关节部位。

（四）全景

全景是指拍摄人物全身形象或场景全貌的画面，体现人和物品形象的完整性，具有描述性、客观性的特点，多用于塑造人物形象和交代环境，展现人物与环境之间的关系。全景画面能够完整地表现人物的行为动作，所以可以反映人物的内心情感、性格和心理状态。

在全景画面中，人物的头顶以上与脚底以下要有适当留白，不能"顶天立地"，否则会有堵塞感；但也不要将空间留得过大，否则会造成人物形象不清楚，降低画面的利用率。

（五）远景

远景是景别中最远、表现空间范围最大的一种景别，一般用于在开篇介绍大的宏观环境，表现事件发生的地点，烘托整个故事的氛围。远景中的人物所占面积很小，甚至成为点状，整体感较强，不突出细节。结尾的远景画面可以形成一种远离情节的视觉感受，给观众回味的空间。

三、光线的运用

拍摄者要学会巧妙地运用光线，制造不同的明暗造型效果，拍摄出令观众赏心悦目、印象深刻的内容,否则千篇一律的画面风格会让观众形成审美疲劳,逐渐失去观看短视频的兴趣。在运用光线时,主要有以下技巧。

(一) 使用自然光

在运用光线拍摄短视频时,自然光是优于人为打光的,如果拍摄者有条件使用自然光,则优先使用自然光。

要想运用好自然光,拍摄者就要学会感受光。一天之中,太阳光因早晚时刻不同,照明的强度和角度是不一样的。早上光线太弱、太暗,不适合拍摄;而中午的太阳光太亮,容易造成拍摄曝光,甚至光线太强,气温太高,会影响被摄主体在镜头前的状态;最好的拍摄时间是14:00—17:00。自然光的缺点是外界干扰因素很多,光线不稳定,甚至有时会因为太阳逐渐落下,导致拍摄位置一直在改变。

(二) 使用相机调节光线

调大相机光圈可以增加进光量,使画面更亮,背景虚化能力会增强;调小光圈会使画面变暗,背景虚化能力也会减弱。感光度也可以调整画面的明暗效果,如果对背景虚化有要求,拍摄者可以使用感光度调节明暗。室内画面往往会有色差,调节白平衡(色温)可以改变画面的色调,冷色调对应高数值色温,暖色调对应低数值色温。

(三) 使用道具布光

如果室内光线较暗,拍摄者可以使用"三灯布光法"来突出主体。

1. 主灯

主灯是主光,通常用它来照亮场景中的主要对象与其周围区域,并且担任给主要对象投影的功能。主光决定主要的明暗关系,包括投影的方向。根据任务的需要主光也可以用几盏灯来共同完成。例如，主光在15°~30°的位置上，称为顺光；在45°~90°的位置上，称为侧光；在90°~120°的位置上，称为侧逆光。常用聚光灯作为主光。

2. 辅灯

辅灯是补光，用一个聚光灯照射扇形反射面，以形成一种均匀的、非直射性的柔和光源，用它来填充阴影区以及被主光遗漏的场景区域，能够调和明暗区域之间的反差，同时形成景深与层次。补光具有广泛均匀布光的特性，可以为布景打一层底色，定义布景的基调。由于要达到柔和照明的效果，通常补光的亮度只有主光的50%~80%。

3. 轮廓灯

轮廓灯是背光，作用是将主体与背景分离，突显空间的形状和深度感，特别是当主体所处的背景很暗时，如果没有轮廓灯，主体和背景就难以区分。轮廓灯通常是硬光，用于强调主体轮廓。

(四) 合理设计光位

光位又称光线位置，指光源相对于被摄主体的位置，也就是光线的方向与角度。光位分为顺光、逆光、侧光、顶光和脚光。

1. 顺光

顺光是指从正面照射到被摄主体的光。顺光会使被摄主体的受光面均衡，可以全面表现被摄主体的质感，影调比较柔和。不过，顺光一般不利于表现物体的空间感和立体感，影调比较平淡、单调，层次感弱，缺乏起伏、明暗的视觉节奏效果，更不宜表现空间感大、物体数量众多的景物造型。

2. 逆光

逆光又叫背面光，是指来自被摄主体后面的光。逆光很容易造成被摄主体曝光不充分，但合理运用可以清晰勾勒被摄主体的轮廓，分离被摄主体与背景，从而增强画面的层次感和空间透视效果。

3. 侧光

侧光是指从被摄主体左侧或右侧照射的光。侧光能使被摄主体的明暗面对比鲜明，画面明暗配置和反差鲜明清晰，层次丰富，有利于表现被摄主体的纵深感和立体感，但拍摄者要注意明暗面在画面造型中所占的比例。在拍摄人物时，拍摄者使用侧光能够表现人物情绪，通常会在特写画面中将侧光打在人物脸部一侧。侧光的缺点是会形成一半明一半暗的过于折中的影调和层次，在拍摄大场面的景色时会显得光线不均衡。

4. 顶光

顶光是指来自被摄主体顶部的光。人物在这种光线下，头顶、前额、鼻头很亮，下眼窝、两腮和鼻子下面完全处于阴影之中，会形成一种反常、奇特的形态。因此，一般避免使用这种光线拍摄人物，但短视频在营造压抑、恐怖、紧张的气氛时可以使用顶光。

5. 脚光

脚光是指从脚下地面的高度向上照射的光。脚光可以填补其他光线在被摄主体下部形成的阴影，或者表现特定的光源特征和环境特点。如果将其作为主光拍摄，会给人一种恐怖、神秘、古怪的感觉。

四、画面构图的设计

构图是表现短视频内容的重要因素，拍摄者根据画面的布局和结构，运用镜头的成像特征和自己的拍摄手法，在主题明确、主次分明的情况下，可以拍摄出简洁、多样、统一的画面。恰当的画面构图能让短视频画面更富表现力和艺术感染力。

短视频画面构图的基本要素包括被摄主体、陪体和环境。

（一）被摄主体

被摄主体指摄像师要表现的主要对象，它既是内容表现的重点，也是短视频主题的主要载体，同时还是短视频画面构图的结构中心。

(二) 陪体

陪体指在画面中与被摄主体有紧密联系，或者辅助被摄主体表达主题的对象。陪体可以增加画面的信息量，使画面更生动、自然，但陪体只能起到陪衬作用，不能喧宾夺主，画面中的被摄主体和陪体要主次分明。

(三) 环境

环境指围绕着被摄主体和陪体的环境，包括前景和后景两个部分。前景是位于被摄主体之前，或者靠近镜头位置的人或物，有时也可能是陪体；后景是位于被摄主体之后的人或物，一般多为环境的组成部分。

五、拍摄角度的设计

在短视频的拍摄过程中，拍摄角度是影响视觉效果的关键因素之一。对同一拍摄对象而言，不同方向、不同角度的拍摄可以产生不同的视觉形象和画面结构，从而给人带来截然不同的视觉感受。拍摄角度主要涉及拍摄视角、拍摄方向和拍摄高度这3个因素。

(一) 拍摄视角

拍摄视角是从心理层面对拍摄角度进行区分，包括客观性角度和主观性角度。了解和掌握了客观性角度和主观性角度的不同特点，可以帮助拍摄者更加深入地展现拍摄角度的造型作用，丰富画面表现手段，从而根据特定的内容要求创作出更加新颖、独特的短视频画面。

1. 客观性角度

客观性角度是指依据人们日常生活中的观察习惯而进行的旁

观式拍摄，是拍摄时运用得最为频繁、最为普遍的拍摄角度和拍摄方式。拍摄者使用客观性角度拍摄的画面就好像有人在现场参与事件进程，观察人物活动，欣赏风光景色一般，所以更贴近生活。

客观性角度是基础性的拍摄角度，如拍摄人物和人物间的交流、活动。在选择拍摄方向时注意叙事性的情节重点，客观真实地以画面表现；即使是俯仰拍摄，也应有必要的情节依据和生活依托，如上山下山、躺卧站坐等不同情况，都是如实记录，很少变形。

2. 主观性角度

主观性角度是一种模拟画面主体（如人、动物、植物和一切运动物体）的视点和视觉印象来进行拍摄的角度。主观性角度追求的是主观表现性，是不同寻常的画面效果和出人意料的视觉感受。从某种程度上说，主观性角度是影视造型语言中独特的造型手段。

由于其拟人化的视点运动方式，主观性角度更容易调动人们的参与感，吸引人们的注意力，引起人们强烈的心理感应。一般来说，以主观性角度所拍摄的画面往往组接在以客观性角度所拍摄的画面之后，起到加强画面主观色彩、形成新颖独特的画面造型的作用。

（二）拍摄方向

拍摄方向是指以被摄主体为中心，在同一水平面上围绕被摄主体四周选择的摄影机位。在拍摄距离和拍摄高度不变的基础上，不同的拍摄方向可以形成不同的构图形式，展现被摄主体不同的侧面形象，以及主体与陪体、主体与环境不同组合的关系变化。

1. 正面方向

拍摄者选择正面方向拍摄时，摄像机的镜头在被摄主体的正前方。正面方向拍摄可以更好地表现被摄主体的正面特征；当被摄主体为景物时，可以突显其庄严稳重、严肃静穆的气氛。正面拍摄人物可以展现人物完整的面部特征和表情，当使用平角拍摄和近景景别时，画面人物和观众可以面对面交流，让人产生代入感、参与感和亲切感。

正面方向拍摄的不足之处在于被摄主体的透视感和立体效果较差，一旦画面布局不太合理，如被摄主体在画面内占比过大，很容易封锁观众的视线，使被摄主体显得呆板而无生气，缺乏动感。

2. 侧面方向

拍摄者选择侧面方向拍摄时，摄像机的镜头与被摄主体的正面成90°，即正左方和正右方。如果被摄主体的正面轮廓不如侧面轮廓鲜明、清晰，拍摄者可以选择侧面方向进行拍摄。

侧面方向拍摄可以突出被摄主体侧面的特点，并强调被摄主体的动作线条、运动方向和运动姿态，还可以表现人物之间的交流、冲突或对抗，强调人物交流中双方的神情，并兼顾其活动以及双方的平等关系。侧面方向拍摄的不足在于其不利于展示立体空间。

3. 斜侧面方向

拍摄者选择斜侧面方向拍摄时，摄像机的镜头在被摄主体正面、背面和正侧面以外的任意一个水平方向。

斜侧面方向拍摄既可以表现被摄主体正面的细节，又可以表现一部分被摄主体侧面的特征，可以使被摄主体产生明显的形体透视变化，使画面活泼、生动，有较强的纵深感和立体感，从而更好地表现被摄主体的立体形态和空间深度。同时，斜侧面方向拍摄既有利于安排主体和陪体，分出主次关系，又有利于调度和取景，所以是拍摄中运用最多的一种拍摄方向。

4. 背面方向

拍摄者选择背面方向拍摄时,摄像机的镜头在被摄主体的背后,即正后方。背面方向拍摄可以让人产生与被摄主体的视线相同的主观效果,使人产生参与感;有时用来改变主体和陪体的位置关系。很多展示现场的画面经常采用背面方向拍摄,给人以强烈的现场感。由于人们不能直接看到被摄主体的面部表情,所以会留下思考和联想的空间,引起好奇心和兴趣。此外,背面方向拍摄还可以含蓄地表达人物的内心活动。

(三) 拍摄高度

拍摄高度是指摄像机镜头与被摄主体在垂直平面上的相对位置或相对高度,这种高度的相对变化形成了平角拍摄、俯角拍摄和仰角拍摄3种不同的情况。

1. 平角拍摄

拍摄者选择平角拍摄时,摄像机的镜头与被摄主体处于同一水平线,视觉效果与日常生活中人们观察事物的正常情况相似,被摄对象不易变形,可以给人留下平等、客观、公正、亲切、冷静的感觉,画面的真实感强(图3-1)。

使用长焦镜头进行平角拍摄可以把纵向运动的物体较长时间地保留在画面中,同时又能因地平面上被摄对象与镜头焦距的距离压缩而使画面形象饱满,甚至可以使画面产生能够被人接受的某些夸张效果,如拥挤、堵塞等。

在处理平角拍摄的画面时,拍摄者要重点考虑地平线,一般情况下要避免地平线平均分割画面,否则中间等分的地平线上会压缩远近景物,显得既呆板又单调。

2. 俯角拍摄

拍摄者选择俯角拍摄时,摄像机的镜头会高于被摄主体水平线,形成一种自上往下、由高到低的俯视效果(图3-2)。

图3-1 平角拍摄

图3-2 俯角拍摄

俯角拍摄适合表现开阔的景色、规模宏大的场面和景物的曲线构图。俯角拍摄会把前后景都呈现出来，前景大、后景小，有利于表现画面的纵深感和物体的立体感。

在展示场景内的景物层次、规模等方面,在表现整体气氛和宏大气势时,采用俯角拍摄效果更佳。在俯角拍摄某个人物的状态时,拍摄出来的画面会让人产生一种被摄人物低微、陷入困境、软弱无力、压抑、低沉的感觉;在表现人物活动时,俯角拍摄宜于展示人物的方位和阵势;俯角拍摄一个事件的发生,可以表现其整体气氛、矛盾双方的力量对比和相互关系。

3. 仰角拍摄

拍摄者选择仰角拍摄时,摄像机的镜头低于被摄主体水平线,形成一种从下往上、由低到高的仰视效果(图3-3)。

图3-3 仰角拍摄

仰角拍摄使地平线处于画面下端或从下端出画,常出现以天空或某种特定物体为背景的画面,可以净化背景,达到突出主体的目的。仰角拍摄能将垂直方向伸展的被摄主体在画面上展开,有利于强调其高度和气势。在表现人物时,仰角拍摄的画面往往带有赞颂、敬仰、自豪、骄傲等感情色彩,常用于表现崇高、庄严、伟大等气概和情绪。

仰角拍摄使画面前景突显，背景相对压缩，当用广角镜头拍摄时，画面会表现出强烈的透视效果。仰角拍摄跳跃、腾空等动作时，能够夸张地表现跳跃高度和腾空动作，具有很强的视觉冲击力。

六、运动镜头的设计

运动镜头是指通过机位、焦距和光轴的运动，在不中断拍摄的情况下形成视角、场景空间、画面构图、表现对象的变化。运动镜头可以增强画面的动感，扩大镜头的视野，影响短视频的速度和节奏，赋予画面独特的寓意。在短视频作品中，完全静止的画面是很少的，运动镜头是主要的表现形式。

常见的运动镜头有以下5种。

（一）推镜头

推镜头是指摄像机向被摄主体的方向推进，或者变动镜头焦距，使画面框架由远及近向被摄主体不断接近的镜头。随着摄像机的前推，画面经历了远景、全景、中景、近景、特写的完整或不完整的过程，但必然是连续的变化过程。

被摄主体决定了镜头的推进方向，所以在推进镜头的过程中，画面构图要始终保持被摄主体在画面结构中心的位置。推镜头的主要作用是突出被摄主体，使观众的视觉注意力相对集中，视觉感受得到加强。它符合人们在实际生活中由远而近、从整体到局部、由全貌到细节观察事物的过程，所以镜头的说服力很强。

推镜头的推进速度可以影响和调整画面的节奏，从而产生外化的情绪力量。推进速度缓慢、平稳可以表现出安宁、幽静、平和、神秘等氛围；推进速度急剧而短促表现的是紧张、不安或激动、愤怒等情绪，尤其是急推，会让被摄主体快速变大，画面急剧变动后迅速停止，爆发力很强，画面视觉冲击力大，可以产生震惊和醒目的效果。

（二）拉镜头

拉镜头是指摄像机逐渐远离被摄主体，或者变动镜头焦距，使画面框架由近及远地与被摄主体拉开距离的镜头。

拉镜头使画面的取景范围逐渐变大，逐渐把陪体和环境放入画面中，而被摄主体逐渐变小，与观众的距离越来越远，表情和细微的动作变得不再清晰。拉镜头往往用来把被摄主体重新纳入特定的环境，提醒人们注意被摄主体所处的环境，以及被摄主体与环境之间的关系变化等。

拉镜头画面表现空间的扩展，反衬出被摄主体的远离和缩小，在视觉感受上会给人一种退出感和谢幕感，所以适合在某一画面的末尾使用。

（三）移镜头

移镜头是指摄像机沿水平面进行各个方向的移动拍摄，类似于生活中人们边走边看的状态，因此，被摄主体的背景总是在变化。移镜头具有完整、流畅、富于变化的特点，能够开拓画面的空间，适合表现大场面、大纵深、多景物、多层次的复杂场景，展现各种运动条件下被摄主体的视觉艺术效果，而且可以让人产生身临其境之感。

跟镜头也属于移镜头的范畴，但它与移镜头的不同之处在于摄像机镜头始终跟随被摄主体，方向不定，而移镜头一般保持水平方向的运动。跟镜头既能突出运动中的被摄主体，又能表现被摄主体的运动方向、速度、体态及与环境之间的关系，使被摄主体的运动保持连贯，有利于展示被摄主体在动态中的形态；而人们的视点在画面内跟着被摄主体走来走去，可以产生一种强烈的现场感和参与感。

(四) 摇镜头

摇镜头是指摄像机本身所处位置不移动,借助摄像机的活动底盘,镜头上、下、左、右旋转拍摄,好像人的目光顺着一定的方向对被摄主体巡视。摇镜头分为左右摇镜头和上下摇镜头,左右摇镜头常用来表现大场面,上下摇镜头常用来展现被摄主体的高大、雄伟。摇镜头通过将画面向四周扩展,突破了画面框架的空间局限,扩大了视野,创造了视觉张力,让整个画面更加开阔,可以将观众迅速带到特定的故事氛围中。

甩镜头也属于摇镜头的范畴,是指摄像机只通过上下或左右的快速移动或旋转来实现从一个被摄主体转向另一个被摄主体的切换,多用于表现画面的急剧变化,例如,表现人物视线的快速移动或某种特殊视觉效果,使画面有一种突然性和爆发力。

(五) 升降镜头

升降镜头是摄像机借助升降装置一边升降一边拍摄的方式,升降运动带来了画面范围的扩展和收缩,形成了多角度、多方位的构图效果。

升镜头是指镜头向上移动形成俯角拍摄,以显示广阔的空间;降镜头是指镜头向下移动进行拍摄,多用于拍摄大场面,以营造气势。

七、农产品的拍摄技巧

(一) 农产品拍摄的前期准备

拍摄好农产品,需要提前做好产品挑选、明确拍摄重点和选取拍摄时间等的准备。

1. 做好产品挑选和清洁

大多数散种散养的农产品都会存在质量参差不齐的问题,所以在拍摄之前，需要进行精细的挑选，选出品相较好、颜色艳丽、新鲜度较高的产品作为拍摄对象。

在拍摄过程中，如果不追求记录写实风，那么为了让产品看起来更加靓丽、新鲜、可口，拍摄前还需要将产品——洗净，减少产品表面附着的灰尘或泥土。

2. 明确想要展示的产品特色

确定你所想要表达的产品本身的卖点或特点。就农产品而言，安全的生长环境、新鲜度、色泽、口感等产品本身的特点都是可以展示的，具体情况因产品而定。

以荔枝为例，荔枝的个头大、汁多等特色就可以通过视频展示出来，那么在拍摄的过程中就可以侧重展现这一特点。

3. 挑选光线良好的拍摄时间

一般选择晴天的 9:00—11:00，或晴天的 15:00—17:00。同时拍照的时候最好不要逆光拍摄，即不要对着太阳或者室内光源照过来的方向拍摄。顺着光线的角度去拍摄，拍摄主体才会有更好的表现。

(二) 农产品拍摄的过程

1. 背景要简洁

从样式上看，拍摄主体的背景要简洁。背景过于杂乱很难突出要拍摄的产品，即使结合道具也要追求简单和谐，防止喧宾夺主。切记不要直接将产品放在灰暗的地板上拍摄，可以选择草地之类的背景，营造出绿色、干净的感觉。

2. 背景颜色要合适

从颜色上看，可以使用素色或者和谐的艳色背景。素色背景的优点是能让被摄体非常清晰并突出。它不仅减弱了背景的距离感，还增大了画面的景深。另外，如果想要突出被摄主体的颜色，那么可以多选择白色或淡色的背景。

如果使用艳色背景，就要注意被摄主体与背景的颜色是否搭配。选择的背景可以是反差特别大的颜色形成对比色，也可以是同一色系的相近色从而避免违和感。

3. 适当拍摄生产场景

从场景上看，可以选取单一的产品背景，也可以和生产场景相结合。生产过程的视频可以说是产品品质的直接说明，也是最能体现情感价值的部分，如直接拍摄产品在田地的生产情况，更加具有真实感。

4. 产品与人物有互动

从内容上看，产品可以和人物相结合，与人物产生一定的互动，通过真实人物的存在增加产品的点击率。

如果想要你的农产品在宣传过程中更加突出，形成一定的视觉冲击力，那么拍摄前期的准备工作一定要充分，从细节入手，找到适合自己农产品的拍摄特色，从而让消费者在购买过程中能耳目一新。

第三节 短视频的后期编辑

一、短视频后期编辑工具

短视频的后期编辑处理要用到后期编辑工具，利用它们可以对拍摄的短视频进行剪辑，添加转场、字幕、特效等，突显短视频的专业性和艺术性。下面介绍7种常用的短视频后期编辑工具。

(一) 万兴神剪手

万兴神剪手是一款功能十分强大的视频编辑软件，其界面简洁美观、操作简单，拥有强大的视频剪辑处理功能，可以帮助用户轻松进行视频的剪辑工作。软件集视频剪辑、格式转换、屏幕录制等多重功能为一体。

软件内置多种滤镜效果、贴图蒙版、海量文本、字幕、片头标题特效以及丰富的精美动态贴图效果,将这些特效添加到视频中,可以让视频更具有创意,更加炫酷,以制作出各种高质量的视频作品。

此外,软件还提供去除噪声、超高清 4K 视频剪辑、视频变速、逐帧预览、高级色彩编辑引擎等大量的实用功能,是一款不可多得的视频编辑软件。

(二)拍大师

拍大师是一款功能专业且简单易用的屏幕/游戏录制、视频编辑工具,可以轻松录制 1080P 超清流畅视频。各种游戏录像、电影电视、街拍实拍、段子,都可以通过拍大师进行快速剪辑、配音解说、变声变调、加背景音乐、加字幕、加画中画、变速、调色等编辑。软件自带多种炫酷转场动画、GIF 动图、片头、音效、唯美滤镜、动态文字等特效,作品支持快速导出并上传到各短视频平台。

(三)爱剪辑

爱剪辑是一款简单实用、功能强大的视频剪辑软件,用户利用它可自由地拼接和剪辑视频,其创新的人性化界面是根据用户的使用习惯、功能需求与审美特点进行设计的。爱剪辑拥有为视频添加字幕、调色、添加相框等齐全的剪辑功能,且具有诸多创新功能和影院级特效。

(四)快剪辑

快剪辑是 360 旗下的一款功能齐全、操作简单、可以边看边剪辑的视频剪辑工具,既有 PC 端快剪辑,也有移动端快剪辑。快剪辑是抖音、快手、哔哩哔哩、微信朋友圈等平台用户强烈推荐的一款视频剪辑软件，无论是刚入门的新手，还是视频剪辑专家，快剪辑都能帮助用户快速制作出爆款的短视频作品。

（五）巧影

巧影作为一款功能全面的短视频处理App，适用于安卓系统、谷歌Chrome OS系统、iOS系统，支持多个视频、图片、音频、文字、效果等视频/音频层，同时拥有精准编辑、一键抠图、多层视频、多层混音、潮流素材、关键帧动画、多倍变速、多种屏幕尺寸、超高分辨率输出等功能，用户使用起来十分简便。

（六）会声会影

会声会影是一款功能强大的视频编辑软件，具有图像抓取和编辑功能，并提供了超过100种的编辑功能与效果，可导出多种常见的视频格式，甚至可以直接制作成DVD和VCD光盘。

会声会影主要的特点是操作简单，适合家庭日常使用，可提供完整的影片编辑流程解决方案，实现从拍摄到分享，处理速度加倍。

（七）剪映

剪映是抖音官方推出的一款移动端视频编辑App，它具有强大的视频剪辑功能，支持视频变速与倒放，用户利用它可以在视频中添加音频、识别字幕、添加贴纸、应用滤镜、使用美颜等，而且它提供了非常丰富的曲库和贴纸资源等。即使是视频制作的初学者，也能利用这款工具制作出自己心仪的视频作品。

二、短视频画面转场的设计

转场是场景或段落之间的切换，又称场景过渡。合理的转场可以增加短视频的连贯性、条理性、逻辑性和艺术性。转场分为两类，分别是技巧转场和无技巧转场。

（一）技巧转场

技巧转场是指用特技的手段进行转场，常用于情节之间的转换，能够给观众带来明确的段落感。技巧转场又分为淡出淡入转场、叠化转场和划像转场等。

1. 淡出淡入转场

淡出淡入转场是指上一个镜头的画面由明转暗，直至黑场，下一个镜头的画面由暗转明，逐渐显现，直至正常亮度的过程。

淡出和淡入画面的长度一般各为2秒，但在实际编辑时要根据视频情节、人物情绪和节奏的要求来决定。一般来说，淡出淡入转场用于视频中某一场景的开头或结尾、时间或地点的变化等。

2. 叠化转场

叠化转场是指前一个镜头的画面与后一个镜头的画面相叠加，前一个镜头的画面逐渐暗淡隐去，而后一个镜头的画面逐渐显现并清晰的过程。叠化转场时，前后两个镜头会有几秒重叠，可以呈现出一种柔和、舒缓的视觉效果。

叠化转场主要有以下作用：一是用于时间的转换，表示时间的流逝；二是用于空间的转换，表示空间发生了变化；三是表现事物的变幻莫测，营造出一种目不暇接的效果；四是表现梦境、想象和回忆等场景。

3. 划像转场

划像转场是指两个画面之间的渐变过渡，可以突出时间和地点的跳转。划像转场分为划出与划入，划出指的是前一画面从某一方向退出屏幕，划入指的是下一个画面从某一方向进入屏幕。在画面过渡的过程中，视频中的画面被某种形状的分界线分隔，分界线一侧是画面1，另一侧是画面2，随着分界线的移动，画面2会逐渐取代画面1。由于划像转场的效果十分明显，因此，多用于两个内容意义差别较大的场景转换。

（二）无技巧转场

无技巧转场是用镜头的自然过渡来连接上下两个画面，强调视觉的连续性。无技巧转场主要分为以下 7 种。

1. 空镜头转场

空镜头是指一些没有人物的镜头，空镜头转场常用来交代环境、背景、时空，抒发人物情绪，表达主题思想，是视频拍摄者表达思想内容、抒发情感意境、调节剧情节奏的重要手段。

空镜头有写景和写物之分，前者称为风景镜头，一般用全景或远景来表现；后者称为细节描写，一般用近景或特写来表现。

2. 声音转场

声音转场是指用音乐、解说词、对白等与画面的配合实现转场。声音转场可以利用声音过渡的和谐性自然转换到下一画面，主要方式为声音的延续、声音的提前进入、前后画面声音相似部分的叠化，可以实现时空的大幅度转换。例如，上一个镜头是在茶园里男主人公朝着女主人公大喊"采茶啦"，下一个镜头则是女主人公的回答"来啦"，但画面已经跳转到采摘茶叶的场景。

3. 主观镜头转场

主观镜头是指借人物视觉方向所拍的镜头，主观镜头转场是指上一个镜头是被摄主体在观看的画面，下一个镜头接转以被摄主体的视角观看到的画面。主观镜头转场是按照前后两个镜头之间的逻辑关系来处理转场的，既可以使画面转换得自然、合理，还能调动观众的好奇心。

4. 特写转场

特写转场是指无论前一个镜头是什么，下一个镜头都可以从特写开始，这样可以对局部进行突出强调和放大，展现一种平时在生活中用肉眼看不到的景别。

5. 两极镜头转场

两极镜头转场是指前后两个镜头在景别和动静变化等方面有

着巨大的反差，处于两个极端。例如，前一个镜头是特写，下一个镜头则是全景或远景，这种转场方式能够起到强调对比的作用。

6. 相似被摄主体转场

相似被摄主体转场有以下3种类型。

第一种是上下两个镜头中的被摄主体相同，通过被摄主体的运动、被摄主体的出画入画，或者摄像机跟随被摄主体移动，从一个场合进入另一个场合，以完成空间的转换。

第二种是上下两个镜头中的被摄主体是同一类物体，但并非同一个物体。例如，上一个镜头中的被摄主体是一个苹果，而下一个镜头中的被摄主体是另外一个人手里的苹果，两个镜头对接，可以实现时间、空间或时空同时转换。

第三种是上下两个镜头中的被摄主体在外形上具有相似性。例如，上一个镜头中的被摄主体是灯笼，下一个镜头中的被摄主体是橙子，也可以完成转场。

7. 遮挡镜头转场

遮挡镜头转场是指在上一个镜头接近结束时，被摄主体挪近以至遮挡拍摄设备的镜头，下一个被摄主体又从拍摄设备镜头前走开，以实现场景的转换。这种转场方式可以给观众带来强烈的视觉冲击力，还可以制造悬念，使短视频节奏更加紧凑。遮挡镜头转场时，前后两个相接镜头中的被摄主体可以相同，也可以不同，如果是同一被摄主体，转场还可以更加强调和突出被摄主体本身。

三、短视频背景音乐的选择

要想让创作的短视频获得足够高的人气和热度，就要为其配上十分恰当的背景音乐。音乐具有强烈的表达属性，可以迅速地与短视频结合起来，背景音乐可以提升短视频的情绪表达效果，让观众的情感与短视频内容融合在一起。

不同类别的短视频体现的主题内容是不同的，所以短视频创作者要采用不同的背景音乐。在为短视频选择背景音乐时，要遵循以下原则。

（一）根据短视频的情感基调选择

短视频创作者在拍摄短视频时，要清楚短视频所要表达的主题和想要传达的情绪，确定短视频的情感基调，以此作为依据来选择背景音乐。例如，美食类短视频是为了让观众体会到一种轻松自在、心情舒畅的心理感受，所以要选择欢快、愉悦风格的背景音乐，如纯音乐、爵士音乐和流行音乐等。这些类型的音乐与短视频内容相互融合后，不仅会吸引观众观看，还会让其跟随背景音乐捕捉到更多的生活细节。

（二）背景音乐要配合视频的整体节奏

很多短视频的节奏是由背景音乐来带动的，为了使背景音乐与短视频内容更加契合，后期剪辑时最好按照拍摄的时间顺序对视频进行简单的剪辑，然后分析短视频的节奏，再根据整体的节奏来寻找合适的背景音乐。从整体上来讲，短视频的节奏和音乐匹配度越高，短视频就越吸引人。

（三）背景音乐不能喧宾夺主

背景音乐在短视频中起的是衬托作用，最高境界是让观众感觉不到它的存在，所以背景音乐一定不能喧宾夺主。如果背景音乐过于嘈杂，或者对观众的感染力已经超过短视频本身，就会影响观众对短视频内容的注意力。

（四）选择热门音乐

在遵循以上原则的基础上，要想让短视频获得更多平台的推荐，最好选择热门音乐作为背景音乐。

四、为短视频进行配音

为短视频配音也是制作短视频的重要工作之一,恰到好处的配音可以为短视频锦上添花。常见的配音方式有以下3种。

(一) 短视频创作者自己配音

短视频创作者自己为短视频配音时,需要注意以下问题。

一是尽量使用支架固定话筒,因为手持话筒时难免会出现颤动,这样可能会产生噪声,尤其是在说话时,随着人的情绪变化和表达的需要,手持话筒动作幅度较大时会影响配音效果。

二是要将话筒置于与人脸平面成30°角以内的位置,并为话筒套一个防风罩,以防在说某个词音量过重时录入爆破音。

三是消除环境噪声。在配音时不要打开可以发出声响的电器,手机要调成静音模式,旁边有人时不要发出与配音内容无关的声响。

四是把握好配音内容的基本感情色彩,恰当地停顿和连接,不能让配音内容支离破碎。

(二) 请专业团队配音

对很多人来说,配音是一件比较有挑战性的工作,可能会存在很多问题,如普通话不标准,声音不好听,说话时紧张、忘词、卡顿等,这样一来就无法达到理想的配音效果。如果短期内无法克服这些困难,可以考虑请专业团队来进行配音,其收费一般根据配音的难度和时长而定。

(三) 使用配音软件

使用配音软件可以很好地规避自己配音的局限性,成本较低,既简单又方便。例如,讯飞快读和讯飞配音就是两款出色的短视频配音工具。

讯飞快读是一款方便、高效、成本低廉的配音小程序，进入该小程序后即可看到 4 种文字输入方式。选择一种方式后，输入文字，选择适合短视频内容的背景音即可。完成以后，点击"保存为 MP3"，即可将保存好的音频文件导入视频编辑工具进行合成。

讯飞配音也是一款文字转语音的语音合成配音工具，同时提供真人配音服务，适用于企业宣传片配音、商场店铺广告促销配音、课件 PPT 配音、微信公众号配音、有声朗读、影视配音、自媒体配音等多种场景，可以支持多种语言。

五、为短视频添加字幕

为短视频添加字幕，能够方便观众了解短视频内容，而带有字幕的短视频成为爆款的概率更高。几乎所有的短视频制作工具都支持添加字幕，在为短视频添加字幕时，要注意以下 4 点。

一是字幕的颜色一般采用白色，但要避免字幕颜色与背景颜色相冲突，可以为白色字幕添加对比明显的边框，但边框不要太大，以免影响美观度。

二是字幕最好不要遮挡短视频画面的主要内容，一般放在短视频画面的正下方。

三是除了要达到幽默搞笑效果的特殊情况外，字幕中不要出现错别字。

四是字幕要通顺、流畅，与短视频中人物所说的话要保持一致。

现在很多短视频平台具备了自动配字幕的功能，但要想提高自动配字幕的准确率，创作者要讲普通话，声音要清晰响亮，而且录制环境不要嘈杂。如果环境不允许，可以通过画外音（二次配音）来完成清晰的录音和字幕。

六、短视频封面的设计

一个优质的短视频封面要符合以下基本要求。

(一) 画面清晰

短视频封面要足够清晰,封面模糊或昏暗,会影响用户体验,很难传递信息,更不会让用户产生点击的欲望,短视频的封面也就失去了价值。

(二) 封面与标题强相关

短视频封面不能随随便便选一张图,封面要和标题具有直接的相关性。因此,创作者要思考封面与标题之间的联系,突出重点。例如,短视频的标题以人物为主体,封面就要以人为主,突出人物的表情和情绪;标题以物为主体,短视频封面就要以物为主,放大物体的特点。

需要注意的是,创作者不能为了蹭热度乱加封面,否则会让人们对短视频内容的理解产生偏差,造成心理上的失望,导致粉丝流失。

(三) 文字、标题和封面的排版要有层次感

短视频封面的排版要层次分明,创作者要注意各层级之间的关系,视频元素和标题同样重要,标题不能挡住封面,封面也不能挡住标题,两者要互不干涉,各自发挥作用。

短视频封面上若有人物全景出现,人物就要尽量处于中间醒目的位置,让用户尽快找到重点。当然,短视频封面上的人和物不要太多,否则会显得杂乱,难以传达信息。

封面上的字要大,字号最好不要小于 24 号,字体颜色也要合理选择,不能太亮,也不能太暗。封面上的字要少而精,最好控制在 30 字以内,同时文字居中,避免文字只出现一半的情况,影响用户体验。

（四）建立自己的封面风格

创作者在设置短视频封面时，要建立属于自己的风格，或者专门为短视频设计一个封面，打上个人标签，形成个人特色。此外，创作者还可以设置一个固定的模板，让每条短视频的封面都形成统一的风格，这样用户就可以非常方便地在历史记录中找到该创作者创作的短视频。

（五）禁止违规操作

在设置短视频封面图时，禁止违反法律法规规定，封面上不能出现暴力、惊悚和低俗等内容，不能含有二维码、微信号等推广信息，也不能带水印。如果出现违规操作，短视频就不会获得平台推荐，严重违规的还会受到相应的处罚。

七、短视频标题的设计

在为短视频设计标题时，创作者要重点考虑以下7个方面。

（一）标题字数要适量

短视频标题的字数要控制在10~20个，展示在手机上是1行到2行半字。字数过多会影响视觉体检，不便于用户快速获取重要信息，从而影响用户对短视频的理解。

（二）添加短视频关键词

现在大多数短视频平台采用推荐算法机制，在分发短视频时，会通过用户输入的关键词给出搜索列表，如果短视频标题上有用户搜索的关键词，就会被平台推荐。因此，在拟定短视频标题时，创作者要尽可能多添加一些高流量关键词，这有利于增加短视频的推荐量和播放量。创作者可以使用相关的数据分析工具来查看关键词的相关热度指数，如头条的"热词分析"，从而对短视频的播放量有一个合理的预估。

（三）设置悬念

悬念是非常有效的引发好奇心的手段，好奇心可以说是用户观看短视频的重要动力。创作者在标题中设置悬念，用户在产生疑问之后要想找到答案，就只能在短视频中寻找，从而增加短视频的播放量。

（四）与用户互动

创作者可以在短视频标题中抛出有讨论性的观点或话题，然后采用设问或反问句式，如"谁知道打开菠萝蜜的简单方法？""你吃过吊干杏吗？"，以引发用户讨论和互动。

（五）增强代入感

增强代入感，让用户觉得短视频内容与自己相关，激发他们观看短视频的欲望。增强标题代入感的方法有两个：一是使用第二人称"你"，可以拉近创作者与用户的关系，减少距离感；二是在标题中添加用户标签，直接标明目标用户群体，常用的用户标签有学校、职业、年龄、性别、兴趣爱好等。

（六）追热点

热点事件能够广泛引发人的注意力，如果创作者在拟定标题时合理地使用热点词汇，就可以增加把内容传播给更多用户的机会，同时增加短视频账号的关注度。追热点属于借势营销，但要求内容选题与热点事件有相关性，且与短视频自身定位保持一致。

（七）引用数字

引用数字的标题逻辑清晰，能够让用户轻松理解短视频的内容要点。同时，数字表达具体、形象且生动，容易激发用户的兴趣。在短视频标题中使用数字时，以阿拉伯数字居多。一般来说，总结分析类的短视频适合在标题中使用数字，例如，常见的8种葡萄品种。

第四章 短视频营销

第一节 短视频的发布

在移动互联网时代,单纯创作出优质内容并不一定会让短视频广泛传播,创作者要做好推广和营销,提升短视频的曝光率,使其覆盖更多的受众人群,这样才能增加短视频成为爆款的可能性。短视频推广和营销的前提是选择恰当的发布渠道和合理的发布时间。

一、短视频发布渠道的选择

在短视频创作完成后,创作者要为其选择恰当的发布渠道,以在最大限度上提高短视频的曝光率。

(一)选择发布平台

短视频团队在完成短视频创作后,在发布短视频之前要选择发布平台。首要的是对各大短视频平台进行调研,根据调研结果选择与自身目标人群一致的平台进行发布,只有这样才能将该平台的用户转化为自己的粉丝。

目前,短视频的发布平台分为独立平台和综合平台两种。独立平台是指专门以短视频为核心卖点的平台,如抖音、快手、美拍等,而综合平台是指包含多种功能,其中兼有短视频内容的平台。

第四章　短视频营销

独立平台虽然社交属性较弱，但有喜欢固定内容类型的粉丝群体。如果选择在这类平台发布短视频，只需选择与自身目标人群相同的平台即可。综合平台往往不是以短视频业务为主，但由于其社交功能强大，粉丝群体也比较庞大，如果短视频在这类平台上获得认可，被用户转发分享之后，人气积累的速度也很快。

不同的短视频平台有各自不同的目标用户群体，抖音的用户群体以年轻人居多，随着用户数量的不断增加，用户群的范围逐渐拓宽，使用抖音的中老年用户不断增加，但人们普遍喜欢有个性、能够展示自我的短视频；快手的用户群体以三、四线城市和农村地区用户居多，他们大多喜欢接地气、社交性强的短视频；美拍的用户群体大多是喜欢与他人分享自己生活的年轻城市女性，她们普遍喜欢时尚类的短视频。

综合平台的典型代表是微博。微博作为用户量巨大的社交媒体，拥有发布信息快、信息传播速度快等优势。截至2022年6月，微博的月活跃用户数量达到5.82亿，日均活跃用户达2.52亿。在用户群体如此多的一个平台上，一旦某个短视频引爆热点，就会被多次转发，获得巨大的播放量。

独立平台与综合平台各有特色，短视频团队在发布短视频时可以根据短视频内容的特点及目标用户来进行选择；也可以采用独立平台与综合平台共同发布的模式，使两个平台之间的优势互补。

（二）符合发布平台的规则

在选择好短视频发布平台以后，短视频团队还要了解并遵守该平台的规则。除了最基本的不能违反国家法律法规这一类规则以外，不同的短视频平台根据自身的特点制定了相应的规则，短视频团队在选择的时候应该特别注意。

短视频平台可以分为内容型短视频平台和商品型短视频平

台。内容型短视频平台的代表是抖音和快手，创作者一般不在短视频中售卖商品，而是提供优质内容，吸引到的用户群体也是为观看优质内容而来。尽管目前电商在短视频和直播中占据着越来越多的分量，也有创作者在短视频中介绍商品，插入商品购买链接，但大多是先用内容吸引用户，然后让用户在不知不觉中被"种草"，因此，这类短视频平台的内容仍然是核心。

商品型短视频的代表是淘宝短视频。淘宝本就是电商平台，淘宝创建短视频平台的目的就是促进自身的电商发展，因此，团队在这类平台上可以直接售卖商品，但也要遵循一定的规则。例如，视频应与商品相关，突出卖点，不能出现纯娱乐的内容；商品链接数量要符合要求，且商品链接要符合短视频推广类的目的要求等。

除了短视频发布规则以外，各个平台上的分成补贴规则也不同。为了能够留住更多优秀的短视频团队，现在很多平台会与团队签订合同，给予一定量的补贴，这种合同一般会要求该团队在平台上独家发布短视频，所以团队在签订合同后再前往其他平台发布短视频就会违反规则，被平台追责。

短视频团队要想在选定的平台上推广创作的短视频，其短视频的内容首先要保证健康、积极向上，符合该平台的规则。或许某些内容不规范的短视频可以在短时间内获得不少播放量，但那只是用户群体的猎奇心理所导致的暂时现象，长此以往，这些短视频团队只会损失用户，毁坏自身形象，得不偿失。

（三）多渠道分发

短视频发布不一定局限在某一个平台上，在不违反平台规则的情况下，短视频团队可以在多个渠道共同分发短视频内容，在不同的平台同时聚拢人气，从而快速积累粉丝。当然，这不是说发布渠道越多越好，短视频团队要在选择发布渠道时做出取舍。

短视频团队可以在独立平台与综合平台共同发布短视频。独立平台和综合平台的用户构成有很大的区别,在这两类平台上共同发布短视频可以有效互补。短视频团队在独立平台上吸引目标用户观看的同时,还可以在综合平台上依靠综合平台传播速度快的特性不断增加目标用户群体的数量。

另外,多渠道分发可以减少短视频团队对某一个平台的依赖,这样一旦在某一个平台不小心被封号或账号出现问题,短视频团队可以规避风险,继续维持运营。

(四) 付费推广

为了帮助短视频团队更好地推广自己的作品,很多短视频平台推出了付费推广服务,例如,抖音的DOU+和快手的上热门。

1. DOU+

DOU+是抖音平台为创作者提供的短视频"加热"工具,可以有效地帮助短视频创作者增加短视频的播放量和互动量,提升内容的曝光效果,从而增加短视频的热度和人气。

抖音平台对投放DOU+的短视频要求严格,只有符合DOU+投放规范,通过抖音平台审核的短视频才能投放DOU+。在短视频投放DOU+时,创作者要点击短视频作品页面右侧的"…",在打开的页面中选择"上热门",进入推广页面。DOU+推广分为速推版和定向版。速推版只设置推荐人数(2 500人+、5 000人+和自定义)、投放目标(点赞评论量、粉丝量)和投放金额;定向版包含期望提升(点赞评论量、粉丝量、主页浏览量)、投放时长(2小时、6小时、12小时和24小时)、视频推荐(系统智能推荐、自定义定向推荐)、投放金额等。

2. 上热门

上热门又叫快手粉条,是快手官方推出的付费推广服务,创作者在购买服务后,可以将短视频作品快速曝光给更多用户,从而增加作品的播放量、互动量、粉丝量和商品销量。该功能包括投放金额、期望增加（粉丝量、点赞评论、播放量、直播间引流人数）、投放时长（1小时、2小时、6小时、12小时和24小时）、定向条件（智能优选、自定义用户特征、指定"达人"/行业相似粉丝），创作者可按照推广目标或推广效果来做出选择。

除此之外，创作者还可以使用"推广给粉丝"功能，把短视频作品精准地推荐给粉丝用户。该功能包括投放页面（关注页置顶、所有页面）、预计展示曝光量、投放金额、投放时长等。

二、短视频发布时间的选择

在选择正确的主题，并创作出优质内容以后，创作者还要找对短视频的发布时机，从而使短视频在正确的时间出现在用户眼前，培养用户稳定的观看习惯，让用户对短视频形成一种期待感。

（一）把握用户活跃时间段

短视频的发布时间点对短视频的播放量会产生一定程度的影响，因为在一天24小时里，每一个时间段内短视频用户的活跃度是不同的，有高峰期和低谷期，创作者要想让自己发布的短视频获得较高流量，应当在用户活跃度的高峰期发布短视频。

无论是在每天的24小时还是在每周的7天，各大短视频用户活跃时间段都存在着大大小小的差异，而发现并恰当利用这一规律，则可以助力农户在售卖农产品时获得更好的销量。

1. 从每天的时间段来看

在一天24小时内，每一个时间段的移动用户在线人数都是不同的，存在着高峰期和低谷期。

常见高峰时段如下。

（1）07:00—09:00 早高峰，这个时间段包括早上刚起床的人习惯性看手机，上班族在公交地铁上没事看手机刷视频。

(2) 12:00—13:00　午高峰，吃完午饭后，人们通常会拿手机刷视频看直播，打发空闲时间。

(3) 17:00—19:00　放学与下班的基本时间段，此时人们正乘坐公交车或地铁回家，时间比较空闲，因此，看视频的人数较多。

(4) 21:00—22:00　晚高峰，这一时间段人们基本都忙完了一天的学习和工作，处于休息状态，此时是各大短视频平台人流量的巅峰。

(5) 23:00—01:00　这个时间段，一些"夜猫子"还在被窝里刷手机，并且在这一时间段，人们通常较为饥饿，对农产品美食类的视频抵抗能力较差，更容易下单购买。

总体来看，人们多数在通勤、吃饭等非工作时间刷短视频。因此，选择在这些时间段发布短视频，是赚取浏览量以及农产品销量的最佳选择。

2. 从每周的时间来看

周六周日双休时间，总体来说是农产品宣传类视频的最佳时间段。并且，周末9:00发布的视频也能有一小波"收成"。

此外，无论是工作日还是周末，在17:00—19:00发布的视频浏览数据相对较多，都更容易收获良好的互动量。

(二) 针对农产品类型选择最佳时间段

为了获得更多的热度，还需要针对农产品的类型进一步选择最佳时间段。

1. 水果蔬菜类

水果蔬菜类农产品的宣传短视频，受到家庭主妇的更多关注与欢迎，因为其通常"主管"着家庭的日常饮食开销。

而家庭主妇通常在上午比较忙，因为在准备好早饭后，又得接着准备午饭。而到了下午,她们空闲的时间逐渐增多,晚上,时间最为充裕。

因此,为了更多的动态浏览量以及农产品的销量,农户可以选择在下午或晚上发布水果蔬菜类农产品的宣传短视频。

2. 养生保健类

养生保健类农产品的宣传短视频,更多受到中老年人的关注与欢迎。

中老年人由于年龄较大,身体各方面的机能都有所减弱,易患一些慢性病。因此,该群体特别注重养生与保健。

而很多中老年人常常晚上睡得早,早上醒得也早。因此,如果是售卖枸杞、蜂蜜等养生保健类农产品的农户,可以选择在早上或上午等时间段发布短视频。

总之,在选择发布农产品宣传短视频的最佳时间时,一定要结合各大短视频平台的用户活跃时间段。另外,还需要结合自身所售卖产品的类型,分析总结不同客户群体的作息以及偏好,有针对性地进行线上宣传,以获得更多的互动量和更大的销售量。

第二节 短视频的引流推广

一、多渠道分享视频

要想最大限度地推广短视频,让更多的用户看到,短视频创作者可以利用平台上的分享功能,将短视频分享到尽可能多的平台上,让其面对更多的用户群体。只要短视频的内容有足够的吸引力,自然会被越来越多的用户关注和认可,成为爆款短视频的概率就会变大。

(一) 站内好友

很多短视频平台的分享功能都支持短视频创作者将短视频分

第四章 短视频营销

享给站内好友,短视频创作者在发布短视频时可以将其分享给该平台上的好友,并让好友帮忙扩散传播。

在把短视频分享给站内好友时,需要注意以下两点。

一是要选择人气较高的好友,因为好友的人气越高,短视频被其分享之后产生的影响力也就越大。因此,短视频创作者在分享短视频之前,先要考察好友的活跃度和人气值,列出一个人气较高的好友名单,再分别向其分享。

二是选择互动较多的好友。这类好友继续分享短视频的概率较高,有利于短视频被更多的用户看到。

(二)微信朋友圈

微信作为目前国内最大的社交平台,拥有非常庞大的用户数量,而微信朋友圈更是人们日常社交的主要阵地,因此,微信朋友圈也可以作为短视频分享的主要渠道。

(三)微博

微博作为国内主流的社交媒体平台,目前月活跃用户量已经突破5亿,日活跃用户量超过2亿,它也可以作为短视频分享的主要渠道。微博具有广场属性,适合做内容的裂变传播。短视频创作者将短视频分享到微博,有利于提高短视频的曝光率,吸引更多的用户观看。

二、借助 KOL 为短视频做宣传

KOL 是营销学上的一个概念,即关键意见领袖,指的是拥有更多、更准确的产品信息,且为相关群体所接受或信任,并对该群体的购买行为有较大影响力的人。在做短视频宣传时,要找的 KOL 是那些可以发挥社交媒体在覆盖面和影响力方面的独特优势,具有较强的用户黏性和号召力的账号。KOL 自带"光环效应",用户通常认为他们的推荐更权威、更专业,因此,也就更愿意为其发表的内容进行点赞和转发。

借助 KOL 宣传短视频的方法如下。

（一）找名人付费投放

名人的粉丝众多，他们的一举一动都会引来粉丝们的围观，因此，借助其宣传短视频是一个不错的方法。但需要注意的是，所找的名人要与自己的短视频主题或内容在气质上具有相似性。另外，一定不要与有污点的名人合作，因为他们的形象早已因为某些负面新闻而崩塌，与之合作的风险会大大增加。

借助名人做短视频宣传的方法如下。

①根据短视频的主题和内容找到目标用户群体，也就是说，短视频创作者要先弄明白自己的短视频侧重于哪个领域，最容易吸引哪些用户观看。例如，农产品短视频的目标用户群体以女性为主。

②根据目标用户群体的特点和喜好寻找最契合的 KOL，只有找到与短视频各个方面都契合的名人，才能有效地借助其"光环效应"达到最好的宣传效果。

③在宣传短视频时，文案的撰写要避免老生常谈，以免让用户产生审美疲劳。短视频创作者要撰写有创意的推广文案，让用户眼前一亮，与名人的"光环效应"相互促进。

（二）寻找行业权威人士

如果短视频创作者自身资金实力有限，无法付费找名人宣传短视频，也可以寻找扶贫带头人、产业带头人、地方领导等来帮助做推广。他们虽然不像名人那样拥有巨大的流量和众多的粉丝量，但在其自身所在的"圈子"里也很有影响力。

三、参与平台活动提升知名度

在推广短视频时，短视频创作者不仅要充分利用身边的各种渠道和 KOL 资源，还要依托短视频平台，积极参与平台发起的各种活动。短视频平台本身就是一个巨大的流量池，当短视频创作者积极参与各种活动，并在其中展示出自己的短视频时，短视频内容和账号自然会被越来越多的用户知道并关注。

（一）研究活动要求

短视频要想在活动中崭露头角，提升人气，首要的条件是研究活动要求和各项标准，让自己的短视频内容符合活动规则，这样才能得到平台的认可，从而增大被平台推荐的概率。

研究活动要求时，可以重点考虑以下两个方面。

一方面，明确平台活动的目的。在参与活动之前，短视频创作者要仔细思考平台举办活动的目的，以便于更加精确地把握短视频的选题方向，突出短视频的主题，增加短视频被平台关注乃至脱颖而出的概率。

另一方面，了解平台活动的规则。短视频创作者在拍摄短视频之前，要摸清活动的具体规则，并逐一列举出来仔细研究，从中找到参与活动的准确角度，再确定短视频的内容。如果对短视频创作者平台活动的规则只是一知半解，仓促上阵，往往会南辕北辙，浪费精力。

（二）做出亮点

在平台上参与活动的短视频创作者不计其数，竞争非常激烈，因此，有亮点和区别度的短视频内容才能最大限度地被平台重点推荐，脱颖而出，吸引用户的目光。

短视频创作者要想让创作的短视频内容有亮点，可以采用以下两种方法。

一是让内容有个性。要想让短视频内容有个性，短视频创作者可以为短视频中的人物打造鲜明的个性特征，如坚忍、幽默、优雅等，这在一定程度上可以为短视频打上个性标签，使其变得更有特色。也可以选择一个不同的切入角度，找到一个新奇的切入点，用户在看腻了其他短视频的模板化套路，对其产生审美疲劳之后，看到不一样的短视频时会觉得眼前一亮，产生深刻的印象。

二是从不同的角度解读活动规则。短视频创作者可以"反其道而行之"，从其他角度来解读活动规则，避开大众话题和视角，使短视频在主题和内容上都与其他短视频有区别。

第三节　短视频的用户运营

用户运营是指以用户为中心，遵循用户的需求设置运营活动与规则，制定运营战略与运营目标，严格控制实施过程与结果，以达到预期所设置的运营目标与任务。

一、保持稳定的更新频率

有些短视频创作者因为更新少，没有持续输出，所以粉丝量一直上不去，即使偶尔发了一个视频，也因为间隔时间过长，粉丝失去了关注热情，短视频的关注量也大幅下降。对于短视频制作团队来说，第一批用户成为忠实粉丝之后，如何有效吸引第一批粉丝，使之养成良好的观看习惯就显得尤为重要。其中，保持稳定更新是短视频制作团队早期积累粉丝的方法之一。

通常来说，要保持更新频率可以从以下两个方面进行。

（一）尽量每日更新

相对稳定的更新频率有益于提升账号权重，也能让粉丝定时看到短视频。如果时间和精力都允许，尽量每日更新短视频，这样可以快速吸引大量的粉丝，而且有利于在开始阶段快速找准账号的定位。每日更新短视频可以保持账号的活跃度，培养粉丝的观看习惯，避免被粉丝遗忘。在信息爆炸时代，各种网络事物层出不穷，如果短视频制作团队长时间不更新视频内容，就很容易被淘汰。不过要平衡内容质量和更新频率，不可为了提高更新频率而降低内容质量。

(二) 固定更新时间

更新短视频的时间固定，可以给用户一定的暗示，使用户准时上线观看短视频。长时间下去，用户就会形成定时观看的习惯。如果无法保证每日更新短视频，可以间隔一两天或者每周发布一次短视频，但一定要在固定的时间发布。

二、引导用户评论

通过用户评论功能与粉丝进行更好的互动，短视频创作者可以为账号带来更多的人气。相对于点赞来说，让用户进行评论比较难，因此，可以通过以下5种方式来引导用户评论。

第一，在视频的结尾或者标题中抛出一个问句或祈使句，更容易引起用户评论。这种方式容易激发用户的表达欲望。

第二，巧妙地制造冲突，往往有争议就会有评论。

第三，注意评论语气，学会灵活变通。评论语气要与自己在视频中的语气一致，避免粉丝产生混淆。

第四，优先回复重点评论。面对大量评论时，首先应挑选重点评论优先回复，如有负面情绪的、提出建议的及互动频繁的等，然后回复其他的评论，尽量做到有评论必回复。

第五，将评论置顶。短视频创作者在评论区发现高质量的评论时，可以将其置顶，借以引导用户进行更大范围的互动。

三、加强互动，提高用户活跃度

用户黏性的重要性不容忽视。只有之前的用户不取消关注，同时新的用户在增加,粉丝数量才会呈现正增长趋势。提高用户活跃度、增强粉丝黏性的方法就是与用户进行良好互动,做到及时回复用户评论,让用户感受到短视频创作者对他们的关注和重视。

(一) 选择互动性强、讨论度高的话题内容

短视频创作者可以结合热点话题和普遍存在的社会现象,选择互动性和参与性均很强的话题。每个短视频平台都有热搜榜和话题榜,短视频创作者可以前往查看大家都在关注什么、讨论什么,围绕用户关注度和讨论度比较高的话题制作短视频。

(二) 标题文案引导

标题文案是吸引用户观看的关键部分,优质的标题文案可以激发用户的观看欲望。短视频创作者可以利用标题文案引导用户评论,增强互动。例如,制作一条在家吃火锅的短视频,可以在标题文案中加入"大家吃过最好吃的火锅蘸料是什么?欢迎大家留言互动"。这样不仅提高了用户的活跃度,还为短视频内容的选题提供了更多素材。

(三) 私信互动

有时候用户会选择通过私信的方式向短视频创作者提一些问题或者分享一些事情,尤其是在教程类、技巧类、实用知识类短视频中比较常见,短视频创作者看到之后要及时回复这些用户的留言。短视频创作者还可以在征得用户同意之后将私信的内容发布到平台上,使其他用户看到之后也做出同样的行为,从而与用户形成良性的互动循环。

(四) 投票

通过投票这种互动方式,短视频创作者既能了解用户的想法,同时也能活跃账号气氛,还能提高用户的参与感和深入地了解用户的兴趣。

(五) 提高用户参与度

提高用户参与度的主要方式是邀请其参与短视频的选题、创意、文案等策划。例如，短视频创作者可以通过在短视频结尾征集创意、在短视频下方评论留言等方式提高用户参与度。

四、建立社群，增强用户黏性

社群运营是指将群体成员以一定的纽带联系起来，使成员之间有共同目标、保持相互交往、形成群体意识，并形成社群规范。社群运营也就是把短视频平台的公域流量引入自己的私域流量池。建立社群的目的是增强用户之间的黏性。基于同一习惯或者爱好，聚在一起的用户会在交互中产生聚心力，从而提高用户留存率。用户留存率高之后，可以再利用这部分用户去影响更多的用户。

(一) 清晰定义目标用户群

要在社群内做好短视频推广，就要清晰定义目标用户群，并且充分了解用户。

例如，美食类短视频的核心用户群就是全职妈妈及美食爱好者等，这些人也是进行社群推广的对象。通过各类问答社区、QQ 群等现有的网络信息资源充分了解目标用户群，掌握这些目标用户都关注什么问题、经常登录哪些网站、喜欢讨论的内容是什么、喜欢什么样的短视频等。只有了解得更多，才能更有针对性地开展社群推广工作。

(二) 思考社群用户的痛点

有了目标群体，接下来就要努力思考打动用户的商品功能点。前面所说的通过各种网络社群、网站收集用户的日常生活轨迹，可以更接近并了解目标用户群。围绕相关信息，进行总结、思考，最终得出有效的、能够打动用户的商品功能点。事实上，在这个过程中社群运营者很有可能会发现用户的伪需求、伪痛点，这时就需要经常与目标用户互动，进行情感交流，并通过各种方式来判断这个痛点的准确性。

(三) 编写推广文案

通过社群提升用户留存率时，要构建一个与之不同的运营推广框架，列出一些与众不同的、能打动目标用户群的宣传点，进而梳理出推广运营方案或者其他运营框架进行推广，向目标用户所在社群投放文案内容。

第五章 直播策划

第一节 直播营销的设计

一、直播营销的方式选择

(一) 直播营销的 7 种方式

为了吸引网友观看直播,需要设计最吸引观众的直播吸引点,并结合前期宣传覆盖更多网友。根据"直播吸引点"划分,直播营销方式共有 7 种,包括颜值营销、演员营销、稀有营销、利他营销、才艺营销、对比营销和采访营销。企业在设计直播方案前,需要根据营销目的,选择最佳的一种或几种营销模式。

1. 颜值营销

直播经济中,"颜值就是生产力"的说法已经得到多次验证。颜值营销的主持人多是帅气、靓丽的男主播或女主播,高颜值的容貌吸引着大量粉丝的围观与打赏,而大量粉丝围观带来的流量正是能够为品牌方带来曝光量的重要指标。

2. 演员营销

演员经常会占据娱乐新闻头版,演员的一举一动都会受到粉丝的关注,因此,当演员出现在直播中与粉丝互动时,会出现极热闹的直播场面。演员营销适用于预算较为充足的项目,在演员筛选方面，尽量在预算范围内寻找最贴合产品及消费者属性的演员进行合作。

3. 稀有营销

稀有营销适用于拥有独家信息渠道的企业，包括独家冠名、知识版权、专利授权、唯一渠道方等。稀有产品往往备受消费者追捧，而在直播中稀有营销不仅仅体现在直播镜头为观众带来的独特视角，更有助于利用稀有内容直接拉升直播室人气，对于企业而言也是最佳的曝光机会。

4. 利他营销

直播中常见的利他行为主要是知识的分享和传播，旨在帮助用户提升生活技能或动手能力。与此同时，企业可以借助主持人或嘉宾的分享，传授关于产品使用技巧、分享生活知识等。利他营销主要适用于美妆护肤类及时装搭配类产品，如某淘宝主播经常使用某品牌的化妆品向观众展示化妆、美甲技巧，在让观众学习美妆知识的同时，增加产品曝光度。

5. 才艺营销

直播是才艺主播的展示舞台，无论主播是否有名气，只要才艺过硬，都可以带来大量的粉丝围观，如古筝、钢琴、脱口秀等通过直播可以获取大量该才艺领域的忠实粉丝。才艺营销适用于围绕才艺所使用的工具类产品，如古筝才艺表演需要使用古筝，制作古筝的企业则可以与有古筝使用技能的直播达人合作，如花椒主播"琵琶小仙·小蜜"经常使用某品牌琵琶进行表演。

6. 对比营销

有对比就会有优劣之分，而消费者在进行购买时往往会偏向于购买更具优势的产品。当消费者无法识别产品的优势时，企业可以通过与竞品或自身上一代产品的对比，直观展示差异化，以增强产品说服力。

7. 采访营销

采访营销指主持人采访名人嘉宾、路人、专家等，以互动的形式，通过他人的立场阐述对产品的看法。采访名人嘉宾，有助于增加观众对产品的好感；而采访路人，有利于拉近他人与观众之间的距离，增强信赖感。

(二) 直播营销方式的选择

在选择直播营销方式时，需要从用户角度，挑选或组合出最佳的直播营销方式。从互联网消费者心理上看，从初次接触某企业或某产品直到产生购买行为，通常会经历听说、了解、判断和下单4个过程。

对应互联网消费者的以上4步，企业需要进行"扫雷"工作。在消费者可能会听说的渠道进行新品推介；在消费者了解产品的平台重点描述产品；在消费者进行判断的平台优化口碑与评价；在消费者下单的平台设计台词及促销政策，促进订单达成。因此，相对应的企业直播营销的重点工作即推新品、讲产品、提口碑、促销售。

对应以上7种不同的直播营销方式，直播活动中的重点各有不同。颜值营销可以把"推新品"与"讲产品"作为直播重点，用颜值高的帅哥或美女进行新品展示或产品的详细讲解。

演员营销除讲产品外，其他3个重点都可以尝试。由于演员通常会引发粉丝追星热，"促销售"可以作为重中之重来设计。与颜值营销不同，演员一般不会有太多时间了解产品性能并对产品侃侃而谈，因此"讲产品"可以不作为演员营销的重点。

稀有营销常以发布会直播形式出现，现场可以展示新品、讲解现有产品，尤其是提升口碑。现场邀请粉丝谈感受、讲心得，从侧面对产品质量与品牌进行背书。

利他营销与才艺营销的重点在"推新品"与"促销售"，通过现场展示或道具引申,向直播间观众展示新产品,达成直播销售。

对比营销的重点在于"讲产品",通过对比,突出产品差异化优势,从而让消费者对购买及使用更有信心。

采访营销通常以室外采访居多,对产品本身的展示与讲解较少,更多是通过被采访者之口说出产品的使用心得及感受,从而达到"提口碑"的作用。

需要特别注意的是,以上7种直播营销方式并不是相互独立的。将直播营销方式进行组合,可以强化营销重点,达到"1+1>2"的效果。

二、直播营销的设计思路

直播营销是一场事件营销,除了它本身的广告效应,直播内容的新闻效应往往更明显,引爆性也很强。它不仅可以很轻松地进行传播和引起关注,还能体现出用户群的精准性。用户可以在一个特定的时间共同进入播放界面观看直播,然而时间的限制能真正识别并抓住具有忠诚度的精准人群。如何设计一场成功的直播营销方案进行直播营销,是一个极其重要的话题,下面介绍直播营销的"五步法"。这5步分别为直播营销的整体思路、策划筹备、直播执行、后期传播与效果总结。

(一)整体思路

在直播营销开始前需要有个整体思路,没有一个整体思路框架,那么后期的任务就没有方向、没有目的,任务也就无法正常开展。所以在直播营销开始前,制定好整体思路是极为重要的。直播营销的整体思路具体包括了直播目的分析、直播方式的选择、直播策略的组合。

首先,直播目的分析,是为了进一步对市场、消费者、产品等进行了解,从而分析如何最大程度地给自己带来利益。其次,直播方式的选择,就是通过对市场的调研,选择一个最合适的方式进行直播营销。最后,直播策略的组合就是直播营销可以和其他策略进行组合,从而更好地达到营销的目的。

(二) 策划筹备

将直播营销方案撰写完善。

在直播开始前将直播过程中用到的软硬件测试好,并尽可能降低失误率,防止因为筹备疏忽而引起不良的直播效果。

为了确保直播当天的人气,新媒体运营团队还需要提前进行预热宣传,鼓励粉丝提前进入直播间,静候直播开场。

(三) 直播执行

直播营销的第三大环节是直播执行。前期筹备是为了现场执行更流畅,因为从观众的角度,只能看到直播现场,无法感知前期的筹备。为了达到已经设定好的直播营销的目的,主持人及现场工作人员需要尽可能按照直播营销方案,将直播开场、直播互动、直播收尾等环节顺畅地推进,并确保直播的顺利完成。

(四) 后期传播

直播营销的第四大环节是后期传播。直播结束并不意味着营销结束,新媒体运营团队需要将直播涉及的图片、文字、视频等,继续通过互联网传播,让其抵达未观看现场直播的粉丝面前,让直播效果最大化。

(五) 效果总结

直播营销的第五大环节是效果总结。直播后期传播完成后,新媒体团队需要进行复盘,一方面进行直播数据统计并与直播前的营销目的做比较,判断直播效果;另一方面组织团队讨论,提炼出本场直播的经验与教训,做好团队经验备份。每一次直播营销结束后的总结和复盘,都可以作为新媒体团队的整体经验,为下一次直播营销提供优化依据或策划参考。

第二节 直播内容的策划

一、直播内容策划的流程

(一)选直播主题

你要做什么?要给用户呈现什么?用户会不会喜欢你的主题?简单来说,就是选题。选择才艺直播还是教学直播?带货直播还是娱乐直播?选定了直播主题也就确定了直播的核心内容。那怎么确定直播主题呢?可以根据产品定位来决定。如果是卖农产品的,那么直播的主题就是"绿色、健康、无污染的××食品";如果是卖服装的,那么直播的主题就是"夏季穿搭、胖妹妹夏季显瘦穿搭",等等。

(二)定直播目标用户

不同用户有不同的爱好,不同群体的消费心理特点也不一样,这就导致受众喜欢不同的直播内容。

例如,一款电饭煲,年轻人在乎的是功能便捷、外形好看,直播主题需要突出外观和便捷性;而对于宝妈们,直播主题则需要围绕材质的环保、米饭口感来写。所以,在直播内容策划时,一定要找准你的对象是哪一类人群,根据直播对象的爱好和心理特点,来策划符合他们兴趣爱好的直播内容。再如农产品直播,观看的对象一般是年龄比较大的,那么针对这类消费群体就要制订出能吸引他们的内容。

(三)定直播互动方式

不管是什么直播形式,直播互动都是直播内容的重要部分。

高质量的直播互动能有效提升直播间的人气和转化率。所以，可以通过直播互动方式来丰富直播内容。在直播前，要确定直播中用什么方式和观众互动。抽奖？发红包？还是送赠品？哪些互动方式能让直播内容更有趣？哪些带货话术能促进用户下单？这些都是进行直播内容策划所必须考虑的。

（四）定直播内容

根据产品策划直播内容，产品不同，营销方式也就不同，在直播的内容上一定也要有不同呈现。这里以一家茶叶店为例，这家茶叶店在直播中按照不同受众展开了不同的内容直播。但是在内容上这家茶叶店似乎更胜一筹，为什么呢？因为这家茶叶店在内容上以百变取胜。例如，"妙用西湖龙井，重返18岁"！仅看这个标题，我们就会被吸引，试问谁不想重返18岁呢？

在直播中不仅给用户带来了龙井茶叶的辨别、煮茶的功效，还针对龙井茶叶的特性，给用户带去了如何解决睡眠不足、如何美白、如何护肤等问题的解决方法。所以，针对不同产品做直播时，需要从不同的角度去分析，然后巧妙做出一些花样百出的内容，吸引受众去观看、去购买。

如果不知道直播内容怎么定，就从你的产品入手。不同的产品有不同的营销方式，那么在直播内容上也会有所不同。例如，我们要在直播间直播农产品，那么你的农产品对身体有什么益处呢？观众想追求什么样的益处呢？你有没有其他方式让用户有获得感、满足感？你是否能在介绍产品的同时，给用户分享一些不同的农产品对人身体不同的好处呢？针对不同产品的作用，从不同的角度去分析，直播内容才能有针对性，直播才能留住用户，方便后续转化。

二、直播内容策划的技巧

想做好一场直播需要策划，如去一个地方做农产品直播，要提前两天准备好脚本，并且不断做内容优化。

（一）主题内容策划

根据粉丝关心的话题，如节日、产品和品牌等做选择。中秋节、端午节等这些节日到来的时候，那就要借助这些节日特点，提前策划好自己产品的主题，然后在这个主题下可以进行一些活动，从而促进观众的购买欲。其中常见的主题有"双十一""双十二""520"等。

（二）产品内容策划

把对消费者的好处展现出来，想清楚吸引谁或者谁是客户人群。从这种角度出发，直播的内容就是消费者群体关心的内容。没有吸引客户的点，客户很快就会走开，毕竟现在直播的人那么多。可以吸引消费者的东西一般都是对消费者有好处的东西。如在直播中买确实价格更优惠，或者当天是新品上新的价格，或者当天直播的内容对消费者是有帮助的，看直播可以帮助他们学到一些东西。内容策划就是要从消费者角度出发，换位思考消费者喜欢什么、怎么和消费者互动，通过互动把普通观众变成粉丝，形成转化。

（三）增加互动玩法

互动来源于两种方式，一种是主播发起，还有一种是消费者发起。无论是哪一种，主播直播时都应关注信息传递在直播中是双向的，在传递相关农产品信息时也应注意消费者的关注点、兴趣点。可以利用以下方式增加互动。

一是主播利用农产品的知识与消费者互动。城乡壁垒的存在，很多城市消费者对乡村的东西并不了解，如动植物的生长过程，什么时候的水果才是应季的等。主播在直播时可以利用这些有用的知识来引起消费者的兴趣，通过提问的方式增加双方的互动，同时告知消费者如何辨别好的农产品。

二是主播利用消费者心理,熟练使用网络营销策略。如"关注有礼""转发抽奖"等形式吸引消费者的关注,增加消费者的兴趣和粉丝关注度。

三是关注消费者的提问,做到及时解答和回复。消费者的反馈一定程度上代表着其打算购买的心理,但消费者仍想先进一步了解再做决定,此时,主播及时地解答相当重要。

解疑、答疑不仅会让消费者觉得被重视,这样的互动也可以让消费者更详细地了解他所需的信息,促进购买意愿。

农产品主播,除了擅长利用以上等方式进行互动外,还应合理地把控直播的节奏,控制直播时间。与消费者互动时,也应时刻记住展现农产品的特色。

(四) 直播节奏设置

什么时候直播、直播多长时间。大家都觉得 20:00—22:00 直播好,但是要考虑直播群体是否合适。如你的群体是宝妈,而宝妈在这段时间里一般都在哄孩子,而且这段时间大主播都在,可能这段时间就不适合你。可以多个时间段测试一下,找到适合自己的店铺直播的黄金时间。时间确定好了以后,就固定时间直播,以培养粉丝的习惯。

直播的时候还需要一些直播福利,例如,直播专属优惠券、送礼物、抽奖和免单等,带动粉丝互动和把控直播节奏。直播中货品构成也很重要,店铺货物构成中有引流产品、形象产品、搭配产品、利润产品和福利产品。引流产品知名度高、性价比高、需求量大,一般会是刚需产品,正常占比 10%~20%就行。同类产品一般不超过 3 个,不然会给客户造成选择困难症。引流产品是店铺比较有竞争力的产品,利润款是直播主推的。

第三节 提升直播内容的吸引力

直播是一种内容呈现方式，要想吸引观众、聚拢人气，最重要的是提升直播内容对观众的吸引力。在提升直播内容吸引力的策略上，主播可以从3个方面来入手：一是坚持直播内容的原创性；二是注重直播内容的真实性；三是提升直播内容的文化内涵。

一、坚持直播内容的原创性

随着直播市场的不断发展和规范，观众的需求也在不断提升，高质量、原创性的内容会逐渐成为稀缺资源。因此，主播要坚持直播内容的原创性，要善于运用创新性思维，创作高质量的原创性内容。

要坚持直播内容的原创性，主播需要做好以下两个方面的工作。

（一）遵守直播的基本原则

在直播时，首先要遵循以下3个原则。

1. 趣味性

直播内容要具有独特的趣味性，能够给观众带来不一样的感受。需要注意的是，不能为了吸引观众关注而违背大众审美情趣。

2. 实用性

直播内容要具有实用价值，能够帮助观众解决一些实际性的问题。

3. 独特性

对于推广商品或品牌的直播来说，主播要根据商品或品牌的特点来打造个性化的内容，向观众展示商品或品牌的价值。

(二) 做好直播内容规划

策划原创性的直播内容时，主播要做好直播内容规划，为直播提供方向和思路，从而让后续的直播有的放矢。

在发布直播视频时，很多主播并没有对要发布的直播内容做好充分的规划，常常是想到什么内容就发布什么内容，而有的主播根本不知道要发布什么。这些做法不但会降低直播视频的质量，而且会降低观众的黏性。因此，在开展直播时，做好直播内容的规划是非常有必要的。优质的直播内容规划不仅能让主播省时、省力地完成直播，还可以提升直播的质量，提高观众的黏性。

二、注重直播内容的真实性

虽然主播策划直播内容时可以充分发挥自己的创意，但直播的内容最好能够与观众产生联系。也就是说，主播要用真实的信息、真实的情感来打动观众，而不是策划一些无中生有的内容，或者虚情假意地表达自己对某些事物的看法。

例如，作为农产品主播，可以在直播中呈现农产品的生长环境，还可以在直播中讲述自己在田地中的所见所感，为观众创造身临其境的观看体验，体现出直播内容的真实性。

三、提升直播内容的文化内涵

随着直播行业内容运营的不断细化，观众对直播内容质量的要求也在不断提高。当前，直播行业已经不再是单纯拼颜值的时代了，高质量、有内涵的直播内容更受观众的青睐。因此，主播要精心创作具有深刻文化内涵、具有艺术审美性的、积极健康的直播内容，让观众能够通过观看直播得到艺术的熏陶和精神的升华。尤其是对于通过直播开展营销活动的企业来说，其更需要在提升直播内容的文化内涵上下一番工夫。

在企业直播营销中，提升直播内容的文化内涵，不仅是为了提升直播行业的整体水平，更是为了让直播内容与企业形象更加贴近。正是因为直播能够为观众带来更加直观的视觉体验，所以观众可以通过直播画面看到企业的形象和品牌的形象。具有文化内涵的直播内容会让观众感受到企业高端的品质，而多数观众在购买商品时，会在自己消费能力范围内尽可能地选择具有高端品质的企业。因此，企业开展直播营销，必须要为观众打造具有文化内涵的直播内容，让观众感受到企业的高端品质和品牌价值。

第四节　编写直播脚本

一、直播脚本的要素

（一）确定直播目标

在直播前，要提前预估本场直播的目标，如要有多少观看量，要有多少点赞量，进店率是多少等。这些数据都要提前有规划，目标性更强，也更方便直播结束后进行复盘总结。

（二）明确团队分工及配合

每一个人都要有自己的职能职责，一场成功的直播是每一个员工合力协作的结果。如主播要介绍产品，突出卖点；助理要协助主播来突出卖点，还要和观众进行互动，回复用户的提问；后台的运营人员要修改价格，上下架产品，等等。

（三）定好直播时间

建议新手主播每天在固定的时间段内直播，这样才能养成粉丝观看你直播的习惯，可以每天定时定点找到你。直播的时间到了要准点离场,及时预告下一次直播的时间和品类,为下一场直播预热。

(四) 定好直播的主题

主题就是一场直播的主心骨。

主题直播也是头部主播经常用的方法,例如,周三是美妆会场,周五是零食会场。这样某一场直播只围绕一个主题进行,那主播就会越来越得心应手。反之,如果一会儿卖护肤品,一会儿卖手机,一会儿卖零食,就会让很多主播发懵,打乱直播节奏,也让粉丝觉得乱七八糟。

(五) 定好直播的流程细节

直播脚本,具体到分钟,如8:00开播,8:00—8:10就要进行直播间的预热,和观众打招呼,介绍产品时一个产品介绍多久,要尽可能地把时间规划好,并按照计划来执行。

二、直播脚本的类型

农产品直播脚本一般是分成单品脚本和整场脚本。

(一) 单品脚本

在直播过程中,可能会遇到各种各样的问题,这就需要以脚本的方式进行对接,单品脚本建议以表格的形式进行对接,从而将卖点和利益点都非常清晰地体现在表格中。

(二) 整场脚本

整场脚本最主要的是对套路玩法的整理,重点是逻辑和玩法,对于整场直播的节奏要有一个很好的把控。

开播前要先写好粉丝互动话术,导入直播间人气互动软件。

第1分钟马上进入直播状态,进行签到环节,使用互动话术和最先来的粉丝打招呼进行暖场;这个时候可以不断强调每天直播时间,等待粉丝慢慢进入直播。

第 6~10 分钟，剧透当日新款和主推款。

第 10~20 分钟，将当天所有的款全部走马观花一遍，不做过多停留，但潜在爆款可以重点推荐。整个剧透持续 10 分钟，助理跟上，一套套搭配好进行展示。整个过程使用直播间人气互动软件与粉丝互动评论，主播就可以不跟着粉丝走，按自己的节奏逐一剧透。

开播半小时后正式介绍产品，逐个推荐。有重点地根据粉丝对于剧透需求来介绍，参考直播前产品结构排序。

每个产品的 5 分钟直播脚本参考前文的单品脚本。直播中，场控根据同时在线人数和每个产品的点击转化销售数据，引导主播进行重点演绎的调整。

最后 1 小时，做呼声较高产品的返场演绎。最后半小时，完整演绎爆款购买路径，直播间人气互动软件互动教粉丝怎么领优惠、怎么成功拍下。

最后 10 分钟，主播剧透明天的新款；助理见缝插针回复今日商品问题。

最后 1 分钟，强调关注主播，明天几点准时开播，明天福利，建议粉丝下播后去看宝贝讲解。

第六章 直播场景布置

第一节 选择直播场地

一、直播场地的选择

直播场地的选择要符合以下要求。

（一）与直播内容相关

直播间是展现主播形象的窗口，而直播场地在某种程度上定位了直播内容。如果直播场地不符合直播内容，与直播内容无关，只会让人觉得突兀。例如，主播售卖农产品，最好直接去农田或果园，人们在一目了然地看到农产品的同时也会觉得主播接地气，更容易对主播产生信任，继而产生购买的欲望。

（二）细致展现商品细节

除了主播和直播的内容等因素外，那些能够细致展现商品细节、体现真实性的直播场地会在一定程度上提升用户对直播和商品的喜爱程度。例如，有的主播在售卖食品时喜欢把直播场地选在仓库，这固然不错，但如果主播能现场直播该食品的原材料取得、挑选、制作、打包和装箱的全过程，会更有说服力，更容易赢得信任。

（三）时常变换场地

主播要时常变换场地，因为每个人都有审美疲劳的时候，变换场地除了防止让人产生审美疲劳外,还能让人们从多个场景了解商品,增加对主播的信任度。

室内直播时,除了选择农产品的展示厅,还可以选择产品的分拣地、打包处或者其他场景。室外直播时,不能只停留在农产品的生长过程原始场景上,如直播种植、养殖、加工、采摘等产业链各个环节,还可以延伸到拍摄当地的人文及风水特色上。同时,结合消费者的好奇心对场景进行有针对性的选择,打造具有新颖性和话题性的主题。线上售卖时也可以线下举办农产品采摘乐、农家乐等活动,增加收入渠道的同时,直播线下的活动场景,通过多场景展现,吸引消费者,让其有种身在其中的感觉。在进行直播时,室内直播和室外直播交替进行,可在种植期拍摄室外,瓜果成熟时进行室内直播专场。直播前提前预告直播内容,吸引消费者。

(四) 室内直播场地

室内直播场地要有良好的隔音效果,能够有效避免杂音的干扰,同时要有较好的吸音效果,能够避免在直播中产生回音;光线效果要好,能够有效地提升主播和商品的美观度,降低商品的色差,提高直播画面的视觉效果;空间要充足,面积一般为 $10\sim40$ 米^2,如果需要展示一些体积较大的商品,如钢琴、冰箱、电视机等,还要注意空间的深度,确保能够完整地展示商品;若需要使用顶光灯,室内高度一般要控制在 $2.3\sim2.5$ 米,给顶光灯留下足够的空间,避免顶光灯位置过低而导致顶光灯入镜,影响直播画面的美观。

二、直播场地的规划

直播场地的范围可大可小,或者只是仓库的一个角落,或者是一个不大不小的直播间,或者是一个面积很大的场地,但不管面积大小，直播团队都要对直播场地做好规划。下面以仓库内水果直播为例，对直播场地规划要注意的事项进行具体分析。

仓库内水果直播场地规划一般是划分出3个区域，包括员工工作区、直播间、物流区。

(一) 员工工作区

员工工作区主要进行水果的上新和下架，审核确认订单信息，安排协调发货时间，进行售后服务的后续处理，以上工作都需要专业人员来完成，因此，主播在直播时要预留出员工工作区。

(二) 直播间

可以在水果仓库内划出一块区域用于直播，这样可以节省成本，还能展现出农产品的发货量大。除了主播外，旁边有人挑选、打包，准备发货。

(三) 物流区

商品的物流速度快，售后服务有保障，可以提升用户对店铺的评价。因此，主播在直播中销售水果以后，要让工作人员尽快确认订单，把水果放在物流区，第一时间联系物流公司发货。

第二节 布置直播环境

一、直播间环境的布置

直播间环境的布置，没有统一的硬性标准。主播可以根据自己的喜好进行设计与布置，但总体上还要遵守以下原则。

(一) 直播间要干净、整洁

大部分农产品主播间，选择在农场、仓库或专门的直播间进行直播。无论选择何处作为直播间，首先要保证干净、整洁，一个脏乱的直播间会让人的好感瞬间消失。因此，在开播之前，主播首先要将直播间整理干净，各种物品要摆放整齐，创造一个干净、整洁的直播环境。

(二) 根据直播内容定位直播间的整体风格

在布置直播间前，主播要从直播的类型入手，明确这个直播间是作为展示才艺的直播间，还是作为电商带货的直播间，然后根据直播内容定位直播间的整体风格。

对于电商带货类直播来说，直播间则要突出营销的属性，可以用要销售的商品来装饰直播间。

(三) 直播间的环境布置要与主播格调一致

这里所说的主播格调指的是主播的妆容、服装风格等。如果直播间内的环境布置能够与主播的妆容、服装风格保持一致，就能让直播画面在整体上看起来和谐、统一，给观众带来浑然一体的感觉。

(四) 利用配饰做适当的点缀

一些别具一格的配饰点缀可以增加直播间的活力，同时也可以让观众对主播有更多的了解，找到更多的话题。例如，农产品主播可以在置物架上放置一些水果盘、刀具、茶杯等。这样不仅能够增加直播间的活力，还能突出主播的品位和个性特征。在摆放配饰时，主播要合理安排配饰摆放的位置，切勿让直播间显得过于杂乱。

(五) 背景布放置的距离要合适

如果想节约直播间装修成本，或者直播间装修达不到用户心理需求，这时可以尝试使用背景布。质量上乘的背景布配上合适的灯光，能够形成很好的立体效果，让直播间环境达到以假乱真的效果。需要注意的是，在直播间内使用背景布时，背景布与主播之间的距离一定要合适，若距离太近，会让人感觉背景对主播

第六章 直播场景布置

有一种压迫感;若距离太远,则会让背景显得不真实。

二、直播间的灯光布置

在直播间的环境布置中,除了对直播间的背景、物品摆放有一定的要求外,直播间的灯光布置也非常重要,因为灯光不仅可以营造气氛,塑造视频画面风格,还能起到为主播美颜的作用。

按照光线造型作用来划分,可以将直播间内用到的灯光分为主光、辅助光、轮廓光、顶光和背景光。不同的灯光采用不同的摆放方式,其创造出来的光线效果也不同。

(一) 主光

在直播视频中,主光是主导光源,它决定着画面的主调。同时,主光是照射主播外貌和形态的主要光线,是灯光美颜的第一步,可以让主播的脸部均匀受光。因此,在直播间布光时,只有确定了主光,才能确定是否有必要添加辅助光、轮廓光和背景光等。

主光应该正对着主播的面部,与视频摄像头上的镜头光轴形成 $0°\sim15°$ 的夹角。这样会使主播面部的光线充足、均匀,并使面部肌肤显得柔和、白皙。主光的灯位高度可以在鼻子下制造出对称的阴影,而不会在上嘴唇或者眼窝处制造太多阴影。但是,由于主光是正面光源,不会在主播的脸上产生阴影,会让视频画面看上去比较平板,缺乏立体感。

(二) 辅助光

辅助光是从主播侧面照射过来的光,对主光能够起到一定的辅助作用。使用辅助光能够增加主播整体形象的立体感,让主播的侧面轮廓更加突出。例如,从主播左前方 45°方向照射过来的辅助光可以使主播的面部轮廓产生阴影,从而突出主播面部轮廓的立体感；从主播右后方45°方向照射过来的辅助光可以增强主播右后方轮廓的亮度，并与主播左前方方向的灯光形成反差，提高主播整体造型的立体感。

辅助光要放在距离主播两边较远的位置，让五官更立体的同时也能照亮周围大环境阴影。它距离主播比主光更远，所以只是照亮阴影而不是完全消除阴影。在调试辅助光时，需要注意光线亮度的调节，避免因某一侧的光线太亮而导致主播某些地方曝光过度，而其他地方光线太暗。

(三) 轮廓光

轮廓光又称逆光，在主播身后放置的灯形成逆光效果。轮廓光能够明显地勾勒出主播的轮廓，将其从直播间的背景中分离出来，从而使主播的主体形象更加突出。

轮廓光具有很强的装饰作用，它能够在被摄物体的周边形成一条亮边，为被摄物体"镶嵌"一个光环，形成视觉上的美感效果。在布置轮廓光时，要注意调节光线的强度，如果轮廓光的光线过亮，就会让主播前方的画面显得昏暗。

(四) 顶光

顶光是次于主光的光源，从主播的头顶位置进行照射，给背景和地面增加照明，能够让主播的颧骨、下巴、鼻子等部位的阴影拉长，起到瘦脸的作用。顶光的位置距离主播的头顶最好在2米以内。

(五) 背景光

背景光又称环境光，是主播周围环境及背景的照明光线，其主要作用是烘托主体或者渲染气氛，可以使直播间的各点亮度都尽可能地和谐、统一。由于背景光最终呈现的是均匀的灯光效果，因此，在布置背景光时要采取低亮度、多光源的方法。

第六章　直播场景布置

第三节　准备直播设备

根据直播环境的不同,直播分为室内直播和户外直播两种,这两种直播所需的设备有所区别。

一、室内直播设备

通常来说,室内直播所需要的设备主要有以下 8 种。

(一) 单独的房间

做室内直播,首要的是有一个单独的、隔音效果好的房间,以免在直播中受到外界噪声的干扰,以致降低直播的质量。此外,主播还要对房间环境进行适当的布置和装饰,以提升直播画面的视觉效果。

(二) 视频摄像头

视频摄像头是形成直播视频的基础设备,目前有带有固定支架的摄像头,也有软管式摄像头,还有可拆卸式摄像头。

带有固定支架的摄像头可以独立置于桌面,或者夹在计算机屏幕上,使用者可以转动摄像头的方向。这种摄像头的优势是比较稳定,有些带有固定支架的摄像头甚至自带防震动装置。

软管式摄像头带有一个能够随意变换、扭曲身形的软管支架。这种摄像头上的软管能够多角度自由调节,即使被扭成"S"形、"L"形等形状后仍可以保持固定,可以让主播实现多角度的自由拍摄。

可拆卸式摄像头是指可以从底盘上拆卸下来的摄像头。单独的摄像头能够被内嵌、对接卡扣在底盘上,主播可以使用支架或其他工具将其固定在屏幕顶端或其他位置。

(三) 耳机

耳机可以让主播在直播时听到自己的声音,从而能够很好地控制音调、分辨伴奏等。一般来说，入耳式耳机和头戴式耳机比较常见。大多数主播会选择使用入耳式耳机，因为这种耳机不仅可以减轻头上被夹的不适感，还比较美观。

（四）话筒

除了视频画面外，直播时的音质也直接影响着直播的质量，所以话筒的选择也非常重要。目前，话筒主要分为动圈话筒和电容话筒。

1. 动圈话筒

动圈话筒最大的特点是声音清晰，能够将高音真实地进行还原。动圈话筒又分为无线动圈话筒和有线动圈话筒，目前大多数无线动圈话筒都支持苹果及安卓系统。动圈话筒的不足之处在于其收集声音的饱满度较差。

2. 电容话筒

电容话筒的收音能力极强，音效饱满、圆润，让人听起来非常舒服，不会产生高音尖锐带来的突兀感。如果直播唱歌，就应该配置一个电容话筒。由于电容话筒的敏感性非常强，容易形成"喷麦"，因此，使用时可以给其装上防喷罩。

（五）声卡

声卡是直播时使用的专业收音和声音增强设备，一台声卡可以连接4个设备，分别是电容话筒、伴奏用手机或平板电脑、直播用手机和直播用耳机。

（六）灯光设备

为了调节直播环境中的光线效果，需要配置灯光设备。对于专业级直播来说，则需要配置专业的灯光组合，如柔光灯、无影灯、美颜灯等，以打造更加精致的直播画面。

（七）计算机和手机

计算机和手机可以用来查看直播间评论，与粉丝进行互动。

主播也可以用手机上的摄像头来拍摄直播画面。若要直播计算机屏幕上的内容,可以使用 OBS 视频录制直播软件;若要直播手机屏幕上的内容,则可以在计算机上安装手机投屏软件,然后再进行直播。

(八) 支架

支架用来放置摄像头、手机或话筒,它既能解放主播的双手,让其做一些动作,也能增强摄像头、手机、话筒的稳定性。

二、户外直播设备

现在越来越多的主播选择到户外进行直播,以求给观众带来不一样的视觉体验。户外直播面对的环境更加复杂,需要配置的直播设备主要有以下 6 种。

(一) 手机

手机是户外直播的首选,但不是每款手机都适合做户外直播。进行户外直播的手机,CPU(中央处理器)和摄像头配置要高,可以选用中高端配置的苹果或安卓手机,只有 CPU 性能足够强,才能满足直播过程中的高编码要求,也能解决直播软件的兼容性问题。

(二) 上网流量卡

网络是户外直播首先要解决的问题,因为它对直播画面的流畅程度有着非常直接的影响。如果网络状况较差,就会导致直播画面出现卡顿现象,甚至出现黑屏的情况,会严重影响观众的观看体验。因此,为了保证户外直播的流畅度,主播需要配置信号稳定、流量充足、网速快的上网流量卡。

(三) 手持稳定器

在户外做直播,通常需要到处走动,一旦走动,镜头就会出现抖动,这样必定会影响观众的观看体验。虽然一些手机具有防抖功能，但是防抖效果毕竟有限，这时需要主播配置手持稳定器来保证拍摄效果和画面稳定。

（四）运动相机

在户外进行直播时，如果主播不满足于手机平淡的拍摄视角，就可以使用运动相机来拍摄。运动相机是一种便携式的小型防尘、防震、防水相机，体积小巧，佩戴方式多样，有广阔的拍摄视角，可以拍摄慢速镜头，主播可以在一些极限运动中使用运动相机进行拍摄。

（五）自拍杆

使用自拍杆能够有效避免"大头"画面的出现，让直播画面的呈现更加完整，更加具有空间感。

自拍杆的种类非常多，如带蓝牙的自拍杆，能够多角度自由翻转的自拍杆，以及带美颜补光灯的自拍杆等。就户外直播来说，能够多角度自由翻转的自拍杆和带美颜补光灯的自拍杆更受欢迎。

（六）移动电源

很多直播设备都是需要用电的，而户外直播不像室内直播那样充电方便，所以做户外直播需要配备移动电源，以便随时为直播设备补充电量，以保证直播的正常进行。

第七章 直播营销技巧

第一节 塑造直播形象

场景决定视频的基调，好的主播形象对产品进行讲解无疑是锦上添花。无论是农产品电商企业培养主播还是从事农产品代言的主播，应尽可能地塑造良好的主播形象。

一、打造专业可信赖的人设

农产品消费者所需的产品信息依赖着主播的讲解，主播作为农产品代言人应做到专业，让消费者产生信任和依赖感。

首先，农产品主播应根据所选择的直播场景进行内容定位。何种场景，适合讲些什么，从消费者的角度去考虑其想听的内容。同时主播应提前熟知相关农产品知识，做到心中有数，然后通过专业讲解说给消费者听。内容上，主播选择对所卖产品进行科普时，可以从产品生产周期、特色、食用方法等角度进行科普，如怎么吃、怎样吃更营养、怎样烹饪更美味等；选择美食教程的方式进行直播时，可以现场教学，告知消费者烹饪的步骤及注意事项；选择农业教育的方式进行推广时，可拍摄产品从播种到销售的整个过程，并在每个过程中介绍一些知识点，如草莓种植园地的选择等。

其次，农产品主播除了注意对内容进行专业讲解外，还应开发新的农产品展示方法。如农产品是吃给消费者看，还是通过现场烹饪等方式展现给消费者，除了单纯的介绍，还应结合现场验证等方式，通过自身试验或者借别人之口将农产品货真价实的特点展现出来，让消费者更容易信服。

通过对内容的精准定位与合适的展现方式，主播将农产品的卖点讲解好，做好在卖家和消费者之间农产品价值的传递者与引导者。

二、定位个人魅力

主播的形象举止、直播风格影响着消费者对直播间画面的视觉感受。

农产品主播应做好自身的个人魅力定位，如淳朴风、搞笑风、接地气风，等等。农产品主播在代言时，首先，应找到自己所代表的角色，背后是代表新农民还是代表企业。其次，做好账号定位。如果是个人账号，昵称应好记、好理解，同时体现所代言产品的特色。简介注意标签化，可体现出核心价值。头像可采用真人或者所代言的产品等，拍摄视频的封面注意具有统一性、主题性等。再次，搭配合适的穿着进行直播，如在田地里干活，穿裙子肯定是不合适的。最后，根据产品相关情况，找到适合自己的风格，如主播自身就是新农民，可以讲自己的生活，讲新农村的事，等等。

第二节　掌握直播技巧

一、直播说话技巧

在直播中，语言是主播思维的集中体现，与主播的外在形象相比，说话更能体现出修养和气质。说话是一门艺术，一位主播

第七章 直播营销技巧

即使外在条件非常出众,但说话时如果语无伦次或者信口开河,观众也不会有观看其直播的兴趣。因此,要想成为一位优秀的主播,掌握一些话术是必要的。

(一) 直播主播说话的原则

要想成为一个被观众推崇的主播,最重要的是要有"高情商"。"高情商"的重要表现是会说话,让观众在观看直播、与主播互动的过程中感觉到主播的亲切与友善。

1. 主播的表现不能过于怯懦或强势

在网络直播中,主播和观众的互动主要体现在双方的对话上。在与观众对话的过程中,主播的表现不能过于怯懦或强势。

怯懦是指主播在与观众沟通对话的过程中,总是观众问一句,自己答一句,不会自己找话题占据主动;而强势是指主播自说自话,根本不关心也不在乎观众在说什么、想听什么,这两种都是比较极端的表现。

2. 要学会聆听观众的观点

主播与观众说话时,不仅要懂得如何去说,还要懂得如何去听。只有仔细聆听观众对自己意见的回馈或反应,才能确定观众有没有在听自己说话,以及观众是否真正明白自己说的话。此外,主播通过听也可以看出观众所关心、愿意讨论的话题在哪里。

3. 说话用词要得体

如果主播在说话时夸大其词,或者不看对象、词不达意,都会成为引发观众反感的导火索,因此,主播说话用词一定要得体。

4. 语言表达方式要灵活

由于说话对象、说话目的和说话情境不同,语言的表达方式也不尽相同。主播与观众沟通时,要根据实际情况来灵活选择是直率地表达自己的观点,还是委婉地表达自己的意见。该直率时却不直率,该委婉时却不委婉,同样无法达到有效交流的效果。

5. 对观众的赞美和礼物要表示感谢

在直播过程中,观众经常会在评论区对主播表示赞美,或者向主播赠送礼物表示支持与肯定,这时主播都要及时地表示感谢。尤其是主播收到礼物后,无论礼物的数量与价值有多少,都要一视同仁,向赠送礼物的观众表达感谢。其实在直播中不只是主播希望获得关注,观众同样也希望获得关注。观众在评论区活跃发言或者向主播赠送礼物,除了对主播表达赞赏和支持外,也希望在直播中获得参与感。主播对观众表达感谢,能够让其感觉自己是被尊重的,已经真正参与到与主播的互动交流中。

6. 把握好开玩笑的尺度

为了活跃直播间的气氛,很多主播会在直播的过程中讲一些玩笑话来引起观众兴趣。但是在开玩笑时,主播要注意说话的分寸,把握好尺度。

在直播过程中,主播既不能开一些低俗玩笑,也不能为了娱乐观众而拿别人的短处或痛处开玩笑,更不能为了逞口舌之快而谈论具有争议性的敏感性话题,主播很可能会因为谈论这些话题而被直播平台封号。

(二)寻找有趣的沟通话题

在直播过程中,只要有话题,就能不断地与观众进行沟通。主播可以通过以下方法来寻找沟通的话题,以打破直播间冷场的尴尬。

1. 寻找共同点

人们都喜欢和与自己有共同点的人谈话、交往,以此来寻求共鸣。因此,主播在与观众沟通的过程中,可以寻找双方的相似点,如共同的兴趣、地域、职业、经历等,这样有助于加深彼此的感情,拉近与观众之间的心理距离。

2. 用问题激发观众互动

提问是一种非常有效的激发观众互动的手段。例如，主播可以询问观众所在的领域发生了哪些变化，遇到了什么问题等，然后从观众的回答中找出一些观众都比较感兴趣的话题再进行深入的沟通。

(三) 农产品直播话术

主播平时可以积累一些直播话术，这对于直播来说很有帮助。

1. 农产品直播话术包含的因素

农产品直播话术当中应包含5个因素。

（1）讲明这是什么　可以从农产品的色泽、口感、营养成分、生长环境进行讲解，产品本身的这些东西，可以事先写好提示提纲，这样就不会冷场。

（2）告诉用户产品在哪里　告诉用户产品在哪里，几号链接可以购买，直播的话术要简单、要直接让粉丝知道你想说什么，这是很多新手主播都容易漏掉的东西，需要在直播间重复讲下单的方式，并且要直观地演示给观众看，有条件双人直播时，助理就可以拿着手机一步一步教粉丝如何领优惠券、如何下单、如何付款等。

（3）要说清楚产品的适用范围　介绍产品时要讲明白适合哪些人用，让粉丝更加了解你的产品与同类产品之间的区别，如茶叶，有些适合自己用，如果是送人，可能另外一款产品更加合适，这些要跟用户讲明白，这种话术可以"减少用户的选择成本"。

（4）告诉观众为什么要购买　在直播当中要清晰地告诉用户：你为什么需要买这款产品，也就是要讲明白购买的理由，这时候的话术其实就是介绍产品的卖点和使用方式，等等。

（5）要讲清楚具体的价格　在直播当中，告诉观众什么时候有优惠券、如何领取、如何使用最划算、到手价是多少等，这样才能刺激观众的痛点，也就是喜欢便宜货的心理，去引发他们的购买欲望。

2. 农产品直播常用话术

使用直播话术可以拉近与观众的距离，从而促进观众消费。

①欢迎各位朋友来到我们的直播间。

②产品口感描述：甘甜脆嫩的口感，高蛋白的"森林蔬菜"，3月是吃笋的季节，在最好吃的时间，一定要尝个鲜（还有一个星期就会变老，口感不如现在，下周就不主推了）。

③根据自己需求去拍，人多可以拍大份，更实惠；人少可以拍小份，够吃也不浪费（体现亲和力、带入场景，也不夸大描述）。

④物流方便，包邮到家，现挖现发不含添加剂。

⑤好吃不贵，价格实惠，直播间产品保证品质。

⑥想买的朋友点击下方购物车链接直接下单，放心买放心拍，今天下单承诺24~48小时发货哦。

⑦售后到位，有破损先拍照然后直接找客服，客服替大家处理问题。

二、直播活动技巧

(一) 开场技巧

1. 直白开场

可以在直播开场时，直接告诉观众直播相关信息，包括主持人自我介绍、主办公司简介、直播话题介绍、直播大约时长、本次直播流程等。一些吸引人的环节（如抽奖、彩蛋、发红包等）也可以在开场中提前介绍，促进观众留存。

2. 提出问题

开场提问是在一开始就制造参与感的好方法。一方面,开场提问可以引导观众思考与直播相关的问题;另一方面,开场提问也可以让主播更快地了解本次观众的基本情况,如观众所处地区、爱好、对于本次直播的期待等,便于在后续直播中随机应变。

3. 抛出数据

数据是最有说服力的。直播主持人可以将本次直播要素中的关键数据提前提炼出来,在开场时直接展示给观众,用数据说话。特别是专业性较强的直播活动,可以充分利用数据开场,第一时间令观众信服。

4. 故事开场

我们从小就爱听故事,直播间的观众也不例外。相对于比较枯燥的介绍、分析,故事更容易让不同年龄段、不同教育层次的观众产生兴趣。通过一个开场故事,带着听众进入直播所需场景,能更好地开展接下来的环节。

5. 道具开场

主持人可以根据直播的主题和内容,借助道具来辅助开场。开场道具包括:企业产品、团队吉祥物、热门卡通人物、旗帜与标语、场景工具等。

6. 借助热点

上网的人,尤其是参与直播的观众,普遍对于互联网上的热门事件和热门词汇有所了解。直播开场时,主持人可以借助热点,拉近与观众之间的心理距离。

(二) 互动技巧

直播活动中的互动,由发起方和奖励两个要素组成。其中,发起方决定了互动的参与形式与玩法,奖励则直接影响互动的效果。横轴为发起轴、纵轴为奖励轴。由发起轴与奖励轴分隔出的4个象限,包含了直播互动的四大类玩法。

1. 弹幕互动

弹幕,即大量以字幕弹出形式显示的评论,这些评论在屏幕上飘过,所有参与直播的观众都可以看到。传统的弹幕主要出现在游戏直播、户外直播等纯互联网直播中,目前已经有直播平台尝试参与电视直播,与体育比赛、文艺演出等合作,进行互联网直播及弹幕互动。

2. 参与剧情

这类互动多见于户外直播。主播可以邀请网友一起参与策划直播下一步的进展方式,增强观众的参与感。邀请观众参与剧情发展,一方面可以使观众充分发挥创意,令直播更有趣;另一方面可以让被采纳建议者获得足够的尊荣感。

3. 直播红包

直播间观众可以为主播或主办方赠送"跑车""游艇""玫瑰"等虚拟礼物,表示对其认可与喜爱。为了聚集人气,主播可以利用第三方平台进行红包发放或等价礼品发放,与更多的观众进行互动。

4. 礼物打赏

在直播过程中,出于对主播的喜爱,观众会进行礼物赠送或打赏,主播应在第一时间读出对方昵称、予以感谢。

(三) 收尾技巧

1. 销售转化

流量引导至销售平台,从收尾表现上看即引导进入官方网址或网店,促进购买与转化。通常留在直播间直到结束的观众,对直播都比较感兴趣。对于这部分网友,主播可以充当售前顾问的角色,在结尾时引导观众购买产品。不过需要注意的是,销售转

第七章　直播营销技巧

化要有利他性，能够帮观众省钱或帮观众抢到供不应求的产品；否则，在直播结尾植入太过生硬的广告，只会引来观众的反感。

2. 引导关注

流量引导至自媒体平台，从收尾表现上看即引导关注自媒体账号。在直播结束时，主播可将企业的自媒体账号及关注方式告诉观众，以便直播后继续向本次观众传达企业信息。

3. 邀请报名

流量引导至粉丝平台，从收尾表现上看即告知粉丝平台加入方式，邀请报名。在同一场直播中积极互动的网友，通常比其他网友更同频，更容易与主播或主办单位"玩"起来，也更容易参加后续的直播。这类观众，可以在直播收尾时邀请入群，结束后通过运营该群，逐渐将直播观众转化成忠实粉丝。

第三节　直播引流推广

为了使直播吸引更多消费者关注，需要通过多种渠道进行宣传引流，也需要掌握各种引流推广方法。

一、直播前的预热推广

直播预热是为了让用户提前了解直播的内容，让对直播感兴趣的用户可以在直播时及时进入直播间，从而提升直播间的在线人数。

常见的直播预热引流渠道有直播平台私域场景、电商平台、企业官网、社交平台等。

（一）直播平台私域场景

在抖音、快手等短视频平台上，主播可以利用的私域场景主要有账号名称、账号简介、粉丝群等。

· 113 ·

主播在直播之前可以更新账号名称和账号简介，如在账号名称中加括号备注直播信息，也可以在账号简介中以文案的形式说明直播时间，如"每天上午9点、下午1点30分直播"。

主播也可以创建自己的粉丝群，将粉丝群的入口直接展示在主页中，待用户进入后，在粉丝群里公告直播信息。

(二) 电商平台

不论是在电商平台进行直播，还是在直播平台进行直播，主播都要在介绍完商品后提供电商平台的商品链接，让用户能够通过电商平台下单。电商平台是连接主播和用户的重要渠道，因此，也可以通过电商平台进行直播宣传预热。以淘宝平台为例，通过淘宝平台进行直播宣传预热的优势是十分明显的。

淘宝平台的首页有直达淘宝直播间的入口，可以将自己的直播预告发布在淘宝直播上。但是，淘宝直播的直播信息众多，要想吸引用户的注意，就要在设计直播预告时多花一些心思。

在设计直播预告时，要确保直播预告能够迅速吸引用户的目光。可以通过图文和视频结合的方式讲明直播的重点内容，同时还要为直播预告确定一个吸睛的标题。因为吸睛的标题能够让更多用户关注主播的直播宣传。

同时，淘宝平台的直播激励机制对主播也是十分友好的。当主播制作的直播预告内容足够优秀时，淘宝平台会将主播的直播预告内容放在直播广场显眼的地方，以便更多用户能够看到。

在其他电商平台进行直播宣传预热也是如此，电商平台的用户优势、直播激励机制等都会为主播的直播宣传预热提供支持。因此，主播一定要重视电商平台的作用，借助电商平台的力量做好直播宣传预热。

(三) 企业官网

企业官网拥有新闻发布、口碑营销、商品展示等功能，是企业面向社会的重要窗口。因此，主播和企业合作推销商品时，可以利用该企业的官网进行直播宣传预热。

有些消费者并不关注直播，但是他们会通过企业官网关注自己心仪的商品。主播通过企业官网进行直播宣传预热，能够吸引这些关注该企业的消费者前来观看直播。

(四) 社交平台

随着移动互联网的快速发展，人们与各种社交平台的联系也越来越紧密。人们会用QQ、微信等平台沟通工作，用微博、豆瓣等平台了解时事及发表看法等，很多人都把闲暇时间贡献给了各种社交平台。主播要抓住这一点，在社交平台上进行更多的直播宣传预热。

1. 通过微信发布直播预告

主播在微信上可以通过多种方式发布直播预告。首先，主播可以通过朋友圈发布直播预告，并设置转发福利。其次，主播可以通过微信公众号发布直播预告，同时插入贴片广告或海报，以更清楚地说明直播的时间和主题；还可以将直播间的链接添加在微信公众号中，让用户能够更加便捷地进入直播间。

2. 通过微博发布直播预告

除了微信以外，主播也可以在微博上发布直播预告。一些知名主播就经常在微博上进行直播宣传预热，告知粉丝具体的直播时间和直播内容。

微博上的新闻热点层出不穷，为了让更多人看到直播预告，主播可以通过转发抽奖的方式引导用户转发微博。

二、直播中的引流推广

直播带货的受众是消费者，目的是销售商品。为了提高商品的销量，主播要以满足消费者需求为中心，在直播中开展各种引流活动。直播中的引流策略有很多,如派发红包、抽奖活动、发放商品优惠券、赠品促销等。

(一) 派发红包

直播离不开主播与粉丝之间的互动,粉丝越活跃,直播效果就越好。派发红包是直播间比较常见的一种调动气氛的手段。

对于新主播来说,前期粉丝数量很少,可以采用派发红包的方式来增加直播间的人气。主播要在介绍完商品,并等待用户输入指定内容、拍下订单以后派发红包。主播可以这样说:"好了,现在又进入我们的红包环节了,主播马上就要发放大额红包了!"主播可以倒计时,让用户做好准备,并在发完红包以后展示抢红包的人数。

有些商家会担心发红包花费太多钱,最后的效果却没有达到预期。下面介绍直播发红包的技巧。

①刚开启直播间时,观看直播人数较少,可以间断发放小额红包,为直播间积累基础人气,吸引更多人观看直播,待后续人数增加再发放更多大额红包。

②在线人数平稳时,可增加红包数量,让更多用户抢到红包,避免用户退出直播间。若抢红包的重复率太高,就要延长发红包的时间,让更多新进入直播间的人可以抢到红包,以便保持在线人数。若是直播间人数有所下降,则可以立刻补发红包。

③在线人数达到峰值时,可发放大额红包,并增加数量,争取最大限度的外推和拉新,以增强曝光效果。

④在某个节点发红包,如点赞满2万时发红包。千万不要在固定时间点如整点发红包、每半个小时发红包,因为这样用户有可能会在固定时间点抢红包,互动性会差很多。只有通过与用户互动达到发红包的节点,用户才会更有参与的积极性,也才能更快地增加直播间的人气。

第七章 直播营销技巧

除了直接发放现金红包以外,主播还可以发放口令红包。口令红包是指在红包中设置输入口令,一般为商品或品牌的植入广告语。接收红包的人在输入口令的同时就对商品或品牌产生了一定程度的印象,并加深了对商品或品牌的记忆。

一般来说,口令红包多采取优惠券形式,即用户在收到红包以后,必须购买指定商品才能使用红包,否则这个红包就没有任何意义。因此,在抢到红包以后,很多用户会选择购买商品,以免浪费红包,这就提升了用户的购买转化率。

(二)抽奖活动

直播间抽奖是在直播间发起抽奖活动,用户可免费参与。直播间抽奖活动是主播常用的互动方法之一,可以通过抽奖活动吸引用户的目光。用户若在观看直播的过程中产生期待,其停留在直播间的时间就会延长,而停留的时间越长,消费的可能性就越大。

主播通过定时抽奖吸引用户观看直播,可以大幅度增强用户黏性。在观看直播的过程中,用户追求实惠的心理得到了满足,自然会更加关注主播的直播间。因此,主播也会获得更多粉丝。

(三)发放商品优惠券

商品优惠券是虚拟电子现金券,用户可以在直播间购买商品时,使用获得的优惠券抵扣现金。优惠券具有更大的灵活度和选择权,由商家确定发放面额、对象以及数量,专门用于商品的促销活动。

发放商品优惠券这种福利营销方式实行起来几乎没有成本,并且发放的对象也是直播间的用户,可以实现精准投放。发放商品优惠券可以加强用户与主播的互动,同时能够强化电商直播的变现能力。如果用户对主播推销的商品比较满意,而此时主播又向其发放了商品优惠券,那么就能够促进用户将消费想法转化为行动,刺激用户产生消费行为。

(1) 全员抢券　主播可向当前在直播间的用户发放优惠券,同时可以限定优惠券数量。

(2) 分享领券　主播可发布分享领券任务,用户只需邀请一位好友进直播间,好友进直播间后,分享者和被分享者才能领券。

(四) 赠品促销

赠品促销就是用户在购物满一定的额度时,商家以赠品的形式向用户提供优惠,吸引其参与该品牌商品的购买活动。赠品促销是常用的促销方式,它把商品作为礼物赠送给用户,以一种实物的方式给用户非价格上的优惠。

主播可以标明赠品的价值,也可以不标明赠品的价值。例如,主播可以规定"满399元赠精美饰品一件"。这件饰品只用"精美"加以描述,不涉及真实价格,因此,消费者很难用399元衡量饰品的现金价值,从而忽略自己实际付出的价值与饰品价值的对比。

主播在直播时,合理开展赠品促销活动可以有效提高商品销量。主播在开展赠品促销活动时要注意以下3个方面。

(1) 控制成本　在成本方面,主播要考虑的因素有3个:一是赠品成本;二是赠品包装;三是销售渠道。把握好这3个方面的成本,才能够避免资源浪费,将成本控制在合理的范围内。

(2) 提升宣传效果　开展赠品促销活动的最终目的是宣传商品,提高商品销量。主播可以充分利用直播间、微信公众号、微博等进行多渠道宣传,最大限度地提升赠品促销活动的宣传效果。

(3) 体现赠品的额外价值　赠品的核心是让目标用户认为

物有所值，否则，若赠送的是他们认为廉价的东西，就失去了赠品的意义。但赠品的价值也不能太高，因为这将花费更多的成本。当主播提供价值过高的赠品时，就会引起用户的猜疑，有些用户会觉得商品的利润空间太大，从而降低商品在他们心中的价值，也有可能会干脆放弃购买。

三、直播后的引流推广

每次直播后都要对直播进行总结和复盘，分析每场直播的优缺点，及时跟进订单处理、奖品发放等，确保用户满意度保持在合理水平。

做好粉丝的维护，可以提高老用户的复购率，同时口碑宣传还能引起新用户关注，从而吸引更多的流量。粉丝发消息，主播看到后要尽可能回复，让粉丝感受到主播的真诚和关心。

在直播后，商家还可以将直播视频剪辑成有趣画面汇总、直播干货等，放入推广软文中或做成精彩的短视频，将这些直播视频上传到短视频平台、流量大的自媒体平台，让每一个感兴趣的受众都能关注并分享到自己的社交圈，从而引来更多的流量。同时，也可以将这些干货直播类视频放到问答类平台，吸引更多的潜在用户。

第八章 农产品短视频与直播营销策略

第一节 找准农产品的卖点

一、什么是卖点

卖点是指商品具备了前所未有、别出心裁或与众不同的特点与特色。卖点的本质是独特的销售主张,它有个响亮的名字叫 USP 理论。USP 理论是广告史上最具影响力的理论,被称为广告界的"金质十字架"。USP 理论支持一个独特的销售主张必须具备 3 个方面的特征:一是产品的具体功效,让消费者意识到产品给他们带来的真正好处;二是竞争对手还没提出来或者无法提出来;三是必须具有巨大的吸引力,能够让消费者立即采取行动,成为你的顾客。

卖点有很多种角度,可以是材质,可以是外观,可以是工艺,可以是这个品牌虚拟的某个特质。这些特点与特色一方面是产品与生俱来的,另一方面是通过营销策划人的想象力和创造力赋予产品的。无论它从何而来,只要能使之落实于营销的战略、战术中,化为消费者能够接受、认同的利益和效用,就能达到产品畅销、建立品牌的目的。例如,褚橙很好地抓住了产品的甜、香、情怀、故事、名人效应等卖点,让褚橙从普通的脐橙变成了一个有温暖、有温度的脐橙。

如果不懂农产品的卖点，可能会出现农产品滞销的风险。例如，2018年广西壮族自治区田阳县的番茄遭遇"30年不遇"的超低行情，大量的番茄倒进江中，令人惋惜；广东省江门市良西镇的5 000亩马铃薯丰收后，1 500多亩遭遇滞销。而与此同时，一些农产品走俏市场，甚至卖出超过市场的高价。出现这种现象的原因，除了错综复杂的市场因素外，没有抓住农产品卖点这个因素也很关键。

二、寻找农产品的卖点

农产品的卖点可以通过FABE销售模式来寻找。FABE销售模式是非常典型的利益推销法，而且是非常具体、具有高度、可操作性很强的利益推销法。它通过4个关键环节，极为巧妙地处理好了顾客关心的问题，从而顺利实现了产品的销售。

（一）F——特征

F指的是产品特征（Features），包括产品的特质、特性等最基本功能。农产品的产品功能一般人都知道，而如何深入到自己农产品的特质上面，就是一种对卖点的挖掘。针对农产品特征，可以从下面两点出发，寻找自己农产品身上的特质。

1. 产地

产地这个农产品特征在众多农产品上都有体现，它是给农产品加持地域性的一种标志，如产自福建省东山县的农产品，产地来源上面可以加上国家级生态县，因为东山县被授予"国家级生态县"称号。这样能够给用户树立一种生态、自然的形象，无形中打造了产品的卖点。

若没有特殊产地的身份，可以试着从河流、湖泊、高山等产地特征来塑造卖点，例如，珠江入海口、黄河三角洲等，甚至引用古诗经典产地地名亦可。

2. 环境

环境指的就是农产品的生长环境，光照、降水、空气质量等级、湿度等环境指标，不同的农产品这些环境因素不尽相同，如哈密瓜，人们熟知的就是新疆的哈密瓜，因为新疆地理位置、光照强度好，并且温差较大，有助于哈密瓜糖分的形成与积累。因此，新疆的哈密瓜在国内是最好的。

(二) A——优点

A 指的是特征所产生的优点（Advantages），是指产品特性发挥的功能，跟同类产品相比的优势，可以在农产品上面表现为以下两个方面。

1. 口感

如环境因素，农产品在适宜的环境中，会表现出比同类农产品更好的特性。例如，光照充足带给新疆的哈密瓜更甜的口感。再如，肥沃的土壤长出的庄稼营养元素就更加丰富。

2. 外观

外观特性也是如此，有的农产品可能口感不太好，但是个头大、分量足，营养也充分，外观漂亮。

口感、外观表现了产品特性发挥出的特殊功能，能够给用户直接的感受。如果再通过精美的包装，增加产品的附加值，更能提高产品的优势。例如，如果包装上印有追溯码，扫码实时观看农产品的生长与加工过程，更能激发用户的潜在购买欲望。

(三) B——利益

B 代表这一优点能带给顾客的利益（Benefits），即商品的优势带给顾客的好处。通过认同用户的价值和赠送赠品激发顾客的购买欲望。

1. 认同

农产品得到顾客的认同，顾客自然就愿意购买。而让顾

第八章 农产品短视频与直播营销策略

客认同就要站在客户角度去想，农产品能给客户带来什么好处。例如，生态环境下长成的大豆中富含的维生素、微量元素多，绿色无污染，更有利于身体健康，这就是给客户带来的好处。让客户看到具体的利益，客户认同了你，就实现了营销。

2. 赠品

赠品则偏向于营销层面，通过赠品辅助农产品来打造满足顾客超乎想象的价值。例如，一个顾客买了一箱雪梨，赠送他一袋冰糖，并附赠冰糖雪梨的做法，告诉客户怎么吃更有利于健康，这样客户就更加满意。

(四) E——证据

E 指的是证据（Evidence），包括技术报告、顾客来信、报刊文章、照片、示范等，具有足够的客观性、权威性、可靠性和可见证性。如农产品的检测报告、农产品的认证标志等。

1. 口碑

口碑就是一种展现价值的形式，如顾客的付款记录、顾客的好评、顾客试吃的照片截图等。这些顾客的反馈都是有利于打造农产品品牌的口碑见证，能够让用户产生从众心理，从而购买农产品。而口碑也是一个积累的过程，平时要多注意积累顾客的口碑。

2. 权威

权威性是证明自己农产品质量的有力武器，例如，政府颁发的农产品企业荣誉证书，农产品的检测报告、质检认证证书，这些证书是农产品被权威平台认可的证明，有这些证书一定要在农产品包装、产品详情上面体现出来。

通过 FABE 销售模式，可以找到农产品的产地、环境、口感、外观、认同、赠品、口碑、权威 8 个卖点。

三、农产品直播的卖点

一场直播最核心的话术就是介绍产品的卖点,所以首要训练的就是关于在直播间里如何描述产品的卖点。

(一)分享产品背后的价值

直播对于农特产品和农村文化,是一个展现的机会。例如,农村里的剪纸和麦秆画这样的农特产品,普通人不知道这背后农民的辛苦付出,也不知道它背后的价值。直播则可以把这些农村特有的工艺推广出去,也可以让更多的人发现它的价值。

(二)确定产品目标群体

可以根据产品针对的人群来策划专门的活动。有了目标群体,便可以只针对该类型的消费者群体去设计产品和产品图片,为目标群体设计他们感兴趣的东西,目标群体才能有更高的转化。

(三)区分不同品种产品

如孝昌血桃,通过直播告诉人们怎样区分血桃和一般桃子。这是一种科普的方式,通过严谨的试验,如颜色的区别,切开后血桃的剖面样子及口感等做一种知识的传播。这个方式让内容本身发挥了价值,同时也能够很好地为自己真正想去售卖的产品做好代言。

第二节 增加农产品的附加值

一、什么是附加值

产品附加值是指通过智力劳动(包括技术、知识产权、管理经验等)、人工加工、设备加工、流通营销等创造的超过原辅材料价值的增加值,生产环节创造的价值与流通环节创造的价值皆为产品附加值的一部分。

高附加值产品指智力劳动创造的价值在附加值中占主要比重,具有较高的价值增长与较高的经济效益,商品拥有高额利润。而低附加值产品指智力劳动创造的价值在附加值中占次要比重。

产品附加值的高低是一个相对的概念,不同国情、不同行业、不同价格体系有不同的情况。我国有两类高附加值产品,一类是对现有的低附加值或劳动密集型产品,采用先进科技手段后能大幅度提高附加值的;另一类是本身属于技术密集、知识密集型的产品,当这种产品的生产成为产业,也就转化为高效益,成为高附加值产品。附加值的本质是使用价值,附加值的提高本质上是使用价值的提高。

二、增加农产品附加值的方法

农产品销售环节决定了农户最终的经济效益。农业面临的困境之一就是农产品卖不出去,要么是销售渠道不畅,要么是卖不出好价钱。即使是高品质的产品也可能存在销售困境,原因是产品同质化严重、促销手段通用化等。品牌营销是提高农产品市场竞争力、提升附加值的有效途径。

(一) 找准差异化卖点

初加工农产品和加工程度相似的农产品,外观形式和品种上存在相似之处,如葡萄干、面条这类产品。结果则是,农产品企业只能放任产品进入市场流通,随行就市获得行业普通利润。如能够挖掘出产品在气候、水土、传统、加工等方面的特色,也许,看似相同的产品就可以获得不同的命运。

烟台苹果、阳澄湖大闸蟹、东北大米这些国内公认的高品质农产品往往以地域为品牌，在农产品市场中获利颇丰。但是，烟台、阳澄湖、东北等是地方名词，是可以公用的，这些品牌不是单个企业专属，其他企业或生产者也可以使用。因此，差异化卖点应该更加独特，寻找农产品专有的定位。

成功的差异化卖点应具有容易理解、便于传播的特点，对消费者有较强的吸引力，如海尔热水器的"防电墙"。但是绝不能无中生有，哗众取宠，想当然地胡编乱说。任何卖点都要经得起推敲，欺骗消费者到头来是搬起石头砸自己的脚，结果卖点成同行的"笑点"、自己的"缺点"、顾客的"骂点"。

同样是土鸡蛋，广西壮族自治区融水苗族自治县贝江村电商却卖出了高附加值，贝江村的土鸡蛋是由苗鸡、凤鸡、家鸡、乌鸡4种鸡下的七彩蛋，卖点独特。再加上融水苗族自治县本身良好的自然环境和纯放养的养殖策略，让这普通的土鸡蛋日卖2万枚，甚至远销日本、韩国。贝江村电商打造的农产品在同样的品种中树立起了自己的独特优势，也卖出了令人羡慕的高附加值。

（二）打造独特品牌形象

一些农产品企业即使产品本身充满特色，但是包装简单、雷同，没有名称识别，缺乏属于自己的形象，那么也难以令消费者产生品牌信赖和购买欲望，甚至消费者看到低劣的包装、卖相转身就走。货卖一张"皮"，外观平平、缺乏特色形象的农产品难以畅销。

在现代市场营销中，对商品包装的要求越来越高，早已不再拘泥于过去那种保护商品、方便携带的基础功能。包装设计应符合消费者的生理与心理需要，通过更人性化的包装设计让消费者的生活更舒适、更富有色彩。因此，在农产品包装上，选择不同的包装策略将获得不同的销售效果。

任何一种农产品都有一定的特殊背景，如历史、地理、人文习俗、自然景观等，如果包装设计中能恰如其分地运用这些特殊要素，就能有效地区别同类产品，同时使消费者将产品与背景进行有效连接，迅速建立概念。这种包装策略运作得好，给人以联想，有利于增强消费者的购买欲望，扩大销路。

中国电子商务坚果第一品牌"三只松鼠"体现出的"萌文化"就以优秀的视觉体验，淡化了商业气息，让消费者进入一个开心喜悦的购物环境。萌萌的"三只松鼠"，不仅仅是一种卡通形象，更是一种独特的企业品牌文化，这种"萌文化"从打开页面到咨询客服再到快递，时时刻刻都能深深感受到。而"卖萌"策略的成功也让"三只松鼠"仅"双十一"一天的销售额就从2012年的766万元卖到了2016年的5.08亿元。

(三) 借力网络宣传

不少农产品的销售过程还停留在自然销售阶段，不会吆喝，也不懂如何吆喝。在其他行业产品大范围推广、促销、公关的时候，农产品企业却还在被动等待顾客上门，不会主动出击，也不了解如何吸引顾客、说服顾客。然而，现在已经是买方市场了，不懂吆喝就意味着错失了进一步扩大农产品影响力的机会。

互联网高速发展的今天，农产品摆脱了传统的叫卖式宣传，在网络上实现了点对面的宣传效果。电商平台、直播、宣传片等多渠道、多形式的宣传，让农产品销售信息全方位触网，以此提高了农产品知名度。另外，也让乡村信息实现触网，展现出农旅结合的特色乡村，增强了农产品的故事性，提高了其附加值。

《舌尖上的中国2》开播，原本不温不火的地方特产，借着这部国产纪录片，迎来了井喷式的销量增长。如果说O2O是"线上+线下"的商业模式，那么农产品利用纪录片进行宣传则属于"焦点事件+电子商务"模式。《舌尖上的中国2》的热播，引爆了雷山鱼酱的热销。此前冷门的毛豆腐、松茸、诺邓火腿、乳扇等，也通过纪录片的热播成为销量增长最快的特产食品。例如，云南诺邓火腿在纪录片播出后5天内，淘宝上的销售量成倍增加。

三、增加农产品附加值的注意事项

（一）杜绝产品简单组合

农产品附加值不能是产品简单组合或者拼凑，而是跳出简单的思维，从产品本身的功能、价值、利益等角度上完美结合，打造出新功能和新价值。

（二）包装不是万能

当前，很多农业企业不断地发力农产品包装，希望借助包装来提升企业价格和吸引消费者关注。但是，农产品附加值的本质还是使用价值，一定要在农产品使用价值上发力，而不是包装形式上。例如，不少农产品销售者看到了礼品销售的利润空间，专门设计包装，提高定价，然而销量并不好。

（三）防止夸大营销

诸多农产品不是提升农产品附加值，而是突出产品的营销，希望借助营销弥补产品不足。但是，有些企业营销时却在产品的功能上、特色上不符合实际，甚至夸大宣传，这是不可取的。

（四）忽视产品生产端

农产品附加值是产品后端，对于农产品而言，农产品源头才是关键，尤其是农产品的生产端。然而，诸多品牌都容易忽视农产品的品质，从而导致附加值不高或者附加值失效。

（五）为了附加值而做附加

追求农产品附加值，还需从农产品使用价值出发，通过扩大农产品的使用价值从而提高农产品的价值。然而，目前有些农产品或品牌为了做附加而附加，没有从农产品本身出发，并进行深度挖掘。例如，所谓高端、有机、富硒、矿物质等概念的农产品，仅仅停留在概念上，而没有在产业上进行延伸与挖掘，因而附加值并不高。

第三节　创意农产品的包装

一、什么是包装

（一）包装的概念

在商品包装的概念上，有两层含义：一层是动态的含义，指设计并生产容器或包扎物将产品盛放或包裹起来的一系列操作过程，又可称为包装化或包装工作；另一层是静态的含义，那些用来盛放或包裹产品的容器和包扎物称为包装，如箱、桶、罐和瓶等。虽然如此，但是在现实生活当中，包装往往具有以上两层含义，它们是紧密联系在一起的，两者之间不可分离，所以也可以将它们统称为包装。

（二）包装的作用

1. 保护商品

包装最主要的目的和最基本的功能，就是保护商品。在流通和使用过程中，商品通过包装可以起到防止破损、散失、变质、挥发、污染、虫蛀和鼠咬等各种损坏的作用。同时，包装还可以对商品的清洁卫生和安全进行保证，并保持产品的良好本色，从而使产品的使用价值得以维持。一般情况下，除了受外界影响小不用包装的沙、石、原木等外，其他绝大多数商品都需要进行包装，来保护其价值不受损害。

2. 便于运输、携带和储存

从生产到消费的过程中,产品要经过装卸、运输和储存等程序。对于小件产品来说,包装起着集中的作用。大产品的鲜明标记,已经在包装纸上有所表示,所以简化了产品的交接手续,可以提高工作效率。包装上有各种引人注意的标记,如易碎标记,可提示运输该商品的人员采取有效运输策略,使商品得到更好的保护。经过包装后的商品还可以使装卸过程更加简便,并可以节约运输费用。运输包装的目的,主要是为了保护产品和提高运输效率,所以又可以称为工业包装、外包装。销售包装的主要目的是,促进产品的销售,所以又称为商业包装、内包装。产品越接近消费者,在流通过程中,就越要求包装具有促进销售的效用,所以,商品的包装要求外形美观,并有必要的装潢、文字说明及画面等,只有这样才会吸引消费者。对外形美观没有过多要求的是一些工业用产品,它们更注重包装对产品的保护和方便运输等方面。

(三) 包装的分类

①根据产品包装的结构,可将产品包装分为件装、内装和外装。件装又称为个装,也就是为每个产品单独所做的包装;件装和外装之间的包装就是内装,主要作用就是保护商品不受破坏,防止水分、湿气、日光等的侵入,同时防止同一外装内产品因相互摩擦和碰撞而可能引起的破坏;外装是包装产品的外部包装,如袋装、箱装、桶装。但是,这种划分并不绝对,有时件装和内装可以混合使用。

我们大致可以将农产品的包装分为内包装和外包装两种,在对农产品进行外包装设计的时候,不仅可以选择农产品常用的绿色,同时还可以多采用橙黄色、金黄色和红色等鲜艳的颜色。还可以采用图片配合文字的说明方式,将产品的产地、文化、特色、来源、历史、营养成分、食用人群和食用方法等信息标注在外包装的背面进行介绍，关键在于介绍与众不同之处。而相应的生产厂家和联络方式的文字相应小一些，因为这不是消费者关注的主要信息。根据产品的质地大小，外包装的材质可以大胆采用一些如陶罐、牛皮袋、瓷器等比较特别的材质，这样能够将形象突显出来，使农产品的价值更加突出。

有必要制作一些精美的折页、手册或者小的工艺品放入内包装，对产品和产地的信息进行介绍，如人文背景、自然环境和风土人情等，这样可以加深消费者对该产品的了解、信任与好感，进而对该产品进行消费。例如，生产苹果的厂商，完全可以在包装苹果的包装纸上印上："苹果排毒，一天一苹果，医生远离我"等科学常识和民间谚语，每天消费者在吃苹果的时候，都会对其进行一次强化，这样就可能促使他再次重复购买，最后成为该产品的忠实消费者。

②根据商品包装材料的类别，可将包装材质分为塑料制品包装、纸制品包装、金属包装、玻璃包装、陶瓷包装、棉纺制品包装、草编包装和木制品包装等。

③根据产品的类别，可将包装分为化工产品、金属产品、电工材料、机电设备和配件的包装等，或分为一般包装、危险包装和精密产品包装等。

④根据产品包装的技术方法，可将包装分为防火包装、防锈包装、防虫包装、防鼠包装、防潮包装、通风包装、压缩包装、真空包装、耐寒包装和缓冲包装等。

⑤按照产品的销地，可分为国内包装和出口包装。

二、农产品包装策略

(一) 等级包装策略

根据农产品的不同等级，也就是说产品的价值、品质等进行分级，并将其分成若干等级，并针对这些等级实行不同种类的包装，使包装与产品的价值相对应。在农产品商场我们可以看到不同等级的包装，如豪华包装与简易包装、优质包装与普通包装等，这些包装有利于消费者对产品的档次进行辨认，进而对产品的品质优劣做出消费决定。

(二) 组合包装策略

组合包装策略就是使用的时候将相互关联的多种商品纳入一个包装容器中，同时进行出售。例如，有几家特菜和特禽生产企业联合起来，推出一款组合包装，在同一个包装箱中，消费者可以看到几种特菜产品和特禽产品混合摆放，这样就可以做到荤素搭配，不仅便于消费者食用，还可使产品的总体销量得到提高。与此同时，这种营销策略还有助于顾客接受新产品，能帮助企业在新产品上市的时候取得不错的销售额，使消费者使用并习惯新产品。

(三) 复用包装策略

在原包装的产品使用完后，其包装物还可以有其他用途，这就是复用包装策略。这样做是因为抓住了消费者希望一物多用的心理，使他们在消费这种商品的时候，还能得到额外的使用价值，让消费者感到包装的价值不再是垃圾或废弃物；与此同时，在使用过程中包装物也是一种广告宣传，对消费者进行心理暗示，并促使消费者对该商品进行重复购买。

(四) 附赠品包装策略

这种包装策略就是在对商品进行销售的时候，在商品包装物内增加一些附赠给购买者的物品或奖券，从而引起消费者重复购买的欲望。

(五) 一次性包装策略

这种包装策略主要是根据消费者的使用习惯和携带便利的特

点进行设计的,使用这种包装的产品主要有袋泡茶、小袋咖啡等。

(六) 透明包装策略

运用这种包装策略,就是通过透明的包装材料,使消费者能够看清部分或全部内装商品的实际形态、新鲜度和色彩,进而可以放心选购。透明包装一直是一种倍受消费者喜欢的包装,在市场上使用这种包装的主要有蔬菜、水果和水产品等。

第四节 巧定农产品的价位

一、农产品价格的形成

价格和收入在农产品营销决策中起着非常重要的作用。农产品销售者在选择定价方法之前,要了解农产品价格形成的知识。

(一) 影响农产品价格的因素

影响农产品价格的因素主要包括:国家宏观政策、经济环境等;消费者的收入、习惯、需求量等;经营者的生产决策以及生产规模,经营者的增值服务、采购成本、流通成本、营销成本等;天气、病虫害等一些不可预测因素;农产品的替代品多而复杂,也是影响农产品价格的重要因素。

(二) 农产品价格的特点及变动规律

农产品价格与工业品价格相比,有价格变动频繁、变动幅度大和地区差异大等特点。

尽管农产品的市场价格变动频繁,但这种变动又是有规律可循的,这就是农产品价格的季节变动规律和周期变动规律。

1. 季节变动规律

农产品随季节变动的规律主要是由农产品季节性生产规律所

决定的。例如,草莓生长在春天,桃盛产在夏天,苹果到秋天才上市。农产品生产具有季节性,而人们的消费却是常年性的,因此,农产品的价格随季节不同而变化。一般来说,应季农产品供应量大,价格相对较低;过季农产品需要储存与加工,且供应量减小,价格相对较高。

2. 价格周期变动规律

价格周期变动规律是指市场价格发生变动引起需求量变动,而农产品生产不能立即做出反应,只有等到下一个生产周期才能调整生产,调整了之后可能又会出现新一轮的变动,如此周期性地循环。

3. 经济发展周期的变动规律

在经济高速发展时期,就业率和收入快速提高,增加了人们对农产品的需求,从而刺激农产品价格的上升;反之,经济发展速度降低后,就业率和收入增长放缓,人们对农产品的需求也随之减弱,从而引起农产品价格下降。

4. 节假日需求周期性的变动规律

节假日需求的变化导致市场供求量的变化。如春节和中秋节,消费者的需求激增,农产品的供应量往往是平时的数倍,节后需求量骤减,导致价格出现明显变动。春节前的农产品,不是一天一个价,不是价格随时都在变动,增幅不再是百分位的变化,甚至可能是数倍的变化。

(三) 农产品定价目标

影响农产品价格的因素虽然很多,但是,农产品定价的目标是农产品经营者的具体任务,它是确定价格策略和营销策略的重要依据。农产品定价目标主要有以下5种。一是以生存为目标,就是在激烈的竞争中,经营者处于不利的市场环境中实行的一种缓兵之计,只能作为短期行为目标。二是以利润最大化为目标。只有该农产品在市场中处于有利地位时，才可以选用此方式。三是以增加销售量为目标，为了降低单位产品的成本，通过增加销量达到盈利的方式。主要吸引对价格敏感的消费者。四是以市场占有率为目标，在市场竞争中，为了增加市场占有率，提高市场控制能力，阻止竞争者进入而采取的措施。五是以适应市场为目标，为了稳步进入市场，以竞争者的价格作为定价基础，与竞争者保持相对稳定的关系，避免价格战的策略。

二、农产品的定价方法

农产品经营者往往需要根据不同的情况、不同的定价目标，采取不同的定价方法。

（一）成本导向定价法

成本导向定价法是以产品单位成本为基本依据，再加上预期利润来确定价格的方法。

其优点是方法简单；同时，在考虑生产者合理利润的前提下，当顾客需求量大时，价格显得更公道些。

其缺点是未考虑市场价格及需求变动的影响；未考虑市场的竞争问题；不利于农产品经营者降低产品成本。

克服成本导向定价法的不足的方法：农产品经营者可按产品的需求价格弹性的大小来确定成本加成比例，成本加成比例和价格确定是否合理，主要依赖于需求价格弹性估计的准确程度。这就需要经营者必须密切关注市场，只有通过对市场进行调查、详细分析，才能估计出较准确的需求价格弹性，从而制定出正确的产品价格，增强农产品经营者在市场中的竞争能力，增加农产品经营者的利润。否则，无法达到预期目标。

(二) 需求导向定价法

需求导向定价法是依据消费者对农产品价值的理解和需求差别来制定价格的方法。例如，相同的农产品因消费者需求和认识的差别，可以采用不同的价格。

在产品供过于求时，农产品经营者运用需求导向法定价，效果会更好。这种定价方法以销售地点、销售时间、产品质量、销售方式等发生变化所产生的需求差异为定价依据，对同一产品，根据不同的需求制定不同的价格。其主要包括根据地区差异定价、根据季节差异定价、根据质量差异定价、根据购销差异定价及根据批零差异定价。

采用这种定价方法，需要搞好市场细分，各细分市场的需求差异比较明显，防止"转手倒卖"；实行差异定价要有充足的理由，避免引起顾客的反感；注意不能因实行差异定价增加过大的开支，否则得不偿失。

(三) 竞争导向定价法

竞争导向定价主要的形式——随行就市定价法。随行就市定价法常用于质量差异不大、竞争激烈的产品，或者成本不易测算、市场需求和竞争者反应难以预料的产品。其优点：一是容易被消费者所接受，因为通行价格往往被人们认为是"合理价格"；二是可以使自己获得平均利润；三是可以避免挑起激烈的价格战，造成两败俱伤。

随行就市定价法是农产品定价最常用的方法。其主要是根据生产季节、货源供应情况及产品质量等随行就市定价。

三、农产品定价策略

(一) 折扣定价策略

折扣定价策略是为了鼓励消费者及时付款、大量购买等采用低于基本价的策略。主要包括：现金折扣、数量折扣、功能折扣、季节折扣等方式。

(二) 心理定价策略

心理定价策略是针对消费者的不同消费心理，制定相应价格，以满足不同类型消费者需求的策略。

心理定价策略一般包括尾数定价、整数定价、习惯定价、最小单位定价。

(三) 促销定价策略

农产品属于价格敏感型的大众消费品，常运用促销价格以吸引眼球，增加销售量。

促销定价策略常在节假日进行，如节假日的"买一送一""大酬宾"等优惠活动，以招揽顾客为目标的定价策略。

(四) 品牌定价策略

一般消费者都有面子需求，经营者将有品牌的产品，制定比市场中同类产品价格高的价格，能有效地消除消费者的心理障碍，使消费者不但产生信任感和安全感，而且会有面子。

(五) 新品定价策略

新品定价策略常根据新品的特征选择不同的价格策略。

当经营的新品供应不足，或是培育的新、奇特品种，宜采用撇脂导向定价法，其价格要高出其价值的几倍或十几倍，以获取最大的利润。

当经营者的新品需求弹性较大，价格低，销量大，价格高，销量就显著下降时，宜采用渗透定价法，其价格定得较低，可让产品迅速占领市场。

当经营者的新品具有显著的特征，又不是必需产品时，常采用适中的价格，这种定价策略可能使经营者和顾客都比较满意。这种定价策略适宜于优质、特色农产品。

第五节　保证农产品的质量和服务

场景展示和主播讲解，一定程度上增加了消费者的感知，但农产品的品质以及商家服务，仍是消费者对本次购买产生好评，并愿意再次购买的基础。

一、源头品质标准化

我国农产品由于气候、地域等的影响，形成了品类繁多但标准并不一样的特点。

即使同一地方由于种植、养殖等的方式不同，质量也会有所不同。因此，要进一步发展农产品线上销售模式，需从源头保证农产品的品质，标准化管理农产品的种植、养殖过程。

农户分散对种植、养殖标准化管理是一个很大的挑战。大商户在进行农产品收购时，可提前与农民协商一致。

另外，每个地方政府应出台相应的标准，保证本地产品的一致性，对符合条件者，授予其可使用当地"区域共用品牌"的权利，并进行相应的奖励，如"县长做客直播间"等，以促进分散农户种植、养殖的农产品品质的标准化。

同时，农产品在销售过程中，也应做到严格把控农产品的选品，对微小瑕疵或者不符合的产品遵守不装箱的原则。商家所卖和消费者所买一致，保障品质的同时保障消费者权益。

此外，进行营销时，为保证所售产品和产地等信息的真实性，直播商家可在消费者的商品中放置当地的实景、农夫签名的照片等。

二、保持源头价格优势

直播售卖很大的好处，在于直接连接了生产者和销售者，省

第八章 农产品短视频与直播营销策略

略了原本农产品销售中过多的中间环节,商家在直播时所卖价格应比第三方的价格低,保持作为农产品源头商的价格优势。

通过提供品质有保证,而且价优的农产品,持续吸引消费者进行购买。在丰收节、节庆日、直播购物节时,利用促销等方式进行引流,让消费者抢购优惠、打折的农产品,增加粉丝关注量。

同时,可以多参与相关平台举办的农产品专场直播活动,提升曝光度和活跃度。

三、提供良好的物流和售后服务

农产品的新鲜度需要良好的物流做支撑,农产品电商应严格选择配送物流,争取与运输速度快、标准高、信誉高的物流企业建立合作关系,保证经物流运输的农产品的品质不会被破坏。

同时,商家应注意农产品的包装,不懈怠任一环节。在消费者收到农产品后,若消费者反馈收到的商品有问题,商家应提供及时、良好的售后服务,解决问题,保持良好的口碑。

口碑好的农产品,消费者不仅会再次复购,同时也会向熟人推荐。在保证农产品质量与服务的基础上,通过电商直播对其特色和价值进行推波助澜,可达到事半功倍的效果。农产品与电商直播相结合,必将会被越来越多的人所认可和选择购买。

由于有的农产品生产周期长,保质期短,很可能仅一段时间内有产品售卖,还有时间段出现空档期的情况。此时,农产品电商可对多种产品进行直播售卖;自产直播的小商家在空档期做好其他产品的视频或科普视频,为消费者打造个性化产品。

此外,农产品品类多样,主播在进行售卖时,可结合捆绑销售的模式,推出一些量小种类多的选择方式,满足消费者的需求。

第九章　农产品短视频与直播营销实战

第一节　抖音短视频营销

在短视频浪潮的推动下,内容电商已经成为当前短视频行业的一大趋势。越来越多的企业、个人选择通过发布原创内容,并凭借基数庞大的粉丝群体构建自己的盈利模式,电商便是其探索商业模式过程中的一个重要选择。

一、自建电商平台

短视频平台通过丰富的内容生态,配合基于兴趣的内容推荐技术,将商品内容与海量潜在的兴趣用户相匹配,开辟了崭新的兴趣电商形态,激发了用户的潜在需求,进而创造了全新的增量市场。

短视频直播为商家提供了更短链的线上消费场景,让品销合一的目标得到更加有效的整合。如今已经有越来越多的消费者习惯通过短视频直播平台发现商品,并对其产生兴趣。同时,在商品购买环节,愿意通过短视频直播平台购买商品的消费者增长率显著提升,短视频与直播将成为未来电商消费的重要场景与渠道。

自建电商平台以 PGC(专业生产内容)为主,品牌方通过

第九章 农产品短视频与直播营销实战

创作优质的短视频内容为自营平台引流，吸引用户以实现流量变现。如今随着电商平台的发展，很多品牌建立了自营店，品牌自营作为商业策略中的重要一环，也成为很多大品牌的既定商业动作。

例如，娃哈哈在积累了足够的用户之后，不仅在短视频平台推送优质的短视频内容，还在微信公众号发布包括图文、短视频等形式在内的优质内容。娃哈哈不仅在短视频内容中软性植入商品信息，还在微信小程序上专门销售商品。

二、达人带货

直播和短视频将商品信息融入真实、生动的内容场景，这种商品的内容化大大提升了商品信息的丰富度，使商品卖点和品牌故事得到更充分的展示，从而最大限度地激发用户的消费兴趣，并在同一场景下实现产销合一的营销目的。

短视频平台推荐技术以内容为载体，帮助商品触达潜在消费者，并针对用户对内容及商品产生的互动、加粉、购买、复购等正向反馈，使商品内容可以被推荐给更多拥有相同兴趣的用户，从而促成发现式消费。

达人通过打造个人品牌，成为意见领袖，上传短视频之后，会在短视频中添加商品链接。当用户对短视频中的商品感兴趣时，就可以直接点击商品链接跳转到商品界面进行购买。

抖音有达人带货功能。达人带货功能是指主播可以在自己的视频和主页中分享商品信息。开通此功能后，抖音主页会增加"商品橱窗"功能，达人可以在橱窗里添加需要分享的商品，若用户对商品感兴趣则可以通过商品橱窗了解详情并进行购买。点击"商品橱窗"，进入"商品橱窗"界面。

在抖音开通达人带货功能的具体操作步骤如下。

①进入抖音"我"界面，点击右上角的按钮，如图9-1所示。

②在菜单中点击"创作者服务中心"，如图9-2所示。

图9-1　点击右上角的按钮　　图9-2　点击"创作者服务中心"

③进入"我的服务"界面，如图9-3所示。

④在"涨收入"栏中，点击"电商带货"，进入"开通商品

第九章 农产品短视频与直播营销实战

橱窗"界面，如图9-4所示。

图9-3 "我的服务"界面

图9-4 "开通商品橱窗"界面

⑤当满足达人条件后，点击"开通商品橱窗"按钮，提交带货资质，开通收款账户，即可开通达人带货。

三、抖音小店

(一)抖音小店概述

抖音小店是商家的店铺运营阵地，主要实现商品管理、交易履约、售前售后服务等。通过将抖音账号与抖音小店进行一对一的绑定，商家可以实现对抖音电商经营的高效整合管理，消费者在购物过程中也能有更加完整的一站式体验。抖音小店和淘宝店铺性质相同，都可以卖货。

（二）抖音小店的开通

开通抖音小店的步骤如下。

①进入抖音"我"界面，点击右上角的按钮。

②在菜单中点击"创作者服务中心"。

③进入"我的服务"界面，在"涨收入"栏中，点击"开通小店"，进入"抖店"界面，如图9-5所示。

图9-5 "抖店"界面

图9-6 "授权登录"界面

第九章　农产品短视频与直播营销实战

④选择"已阅读并同意《账号绑定服务协议》",点击"立即入驻",进入"授权登录"界面,如图9-6所示。

⑤显示"授权登录成功",接着进入"认证类型选择"界面,如图9-7所示。

⑥选择"个体工商户"认证,进入"主体信息"填写界面,如图9-8所示。

图9-7　"认证类型选择"界面 　　　图9-8　"主体信息"界面

⑦依次完成主体信息、店铺信息、平台审核、账户验证等步

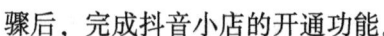

骤后,完成抖音小店的开通功能。

(三) 抖音小店的功能

抖音小店可以实现基本的商品上架及售卖功能。

消费者进入店铺后,可以看到店铺最新活动的海报,同时也能看到最新的优惠活动和优惠券。在商品集合界面,消费者能够看到店铺所有商品的橱窗图,通过点击橱窗图进入商品详情页,可以看到商品的详细介绍,从而获取商品具体的卖点描述。接下来,消费者就可以浏览商品、加入购物车、下单购买并完成商品交付。

四、农产品抖音短视频营销方案

(一) 抖音账号内容定位

1. 目标用户

上班族以及喜欢养生美食、爱好旅游的人。

2. 预期数据

保持每天更新至少一次;单个视频播放量200以上;单个平台粉丝量3个月内粉丝量1 000以上;微信群总人数500以上。

(二) 账号装修和内容生产

1. 账号名称

种植养殖专家。

2. 抖音号

设置为微信号字符串易于记忆,便于后续沉淀粉丝。微信号粉丝量超过2 600的时候,停止加人,并在签名当中推介新的微信号。

3. 内容定位

内容定位为知识讲解型。

账号个人资料定位:农产品专业人员、从事多年种植养殖,介绍种植养殖经验,零售批发苗木和种苗不能带联系方式。

头像和背景大图:真人照片、场景照片、获奖照片、证书照片。不带广告联系方式。

4. 内容形式

人设、段子、品牌元素、评论点赞、拍摄精彩画面、代入感强烈的运动场面。农场实景拍摄演示,种植养殖基础知识讲解场景展示。举例如下。

①主打产品:百年老树茶油。

②核心人设和场景。

人设:当地农民。

场景:原生态茶油生产基地,种植、采摘、提炼、销售、用户反馈。

核心场景:选择具体的场景,或者专门设计场景,通过在场景当中展示人物,展示茶油产品,呈现内容。场景结合内容更为生动,人物场景确定之后,拍摄什么内容、主题,基本就确定了。

5. 内容制作与发布

(1) 内容制作　短视频制作要达到如下3个要求。

①战略层面:掌握整个项目的要点,不致沉溺于细节当中,针对高端市场对无污染有机健康高端茶油的需求,从原产地头直送至家里。

②内容搭建构思:搭建初期,至少保证有2~3个团队成员,一个把控整体的内容输出,好比内容策划、内容运营;一个负责视频精剪,拍照呈现、后期剪辑;一个是出镜演员,会表现。另外,为了高效把控内容质量和产出效率,还需要设计出专业化的内容模板。

③主要内容:开头要吸引关注,如提问或场景的引入;正文

有趣，让用户愿意看完；结尾部分，可以引导用户进行互动，或者留悬念，让用户观察下一条视频。

（2）内容发布　短视频内容要达到如下6个要求。

①视频段子：结构紧凑，越短越好，人物正脸，情感激发，情绪唤起，身份认同，社交货币，情节冲突与反转，热门梗和配乐的加成，引发争议的评论。

②封面和字幕：封面风格统一，字幕醒目、略带悬疑、启发好奇心。注意封面图片和文字设置，统一风格，打开主页以后有整齐划一的感觉。

③配乐/原声：允许使用原声。热门元素的使用、原声标签也是一个重要的流量入口。

④标签：热门标签是重要的流量入口，自创标签约等于封闭的流量池。

⑤视频简介文字：引发评论、点赞、互动、转发，还可以@某个特定的账号，做账号联动。

⑥同框拍摄：允许别人跟我拍同框。一个独有的流量入口，有转发和展现的功能。

(三) 粉丝运营

1. 冷启动阶段

第一阶段——初期养号。

第一个视频如果播放量超过200，就说明这个账号过了抖音的新手测试期。

第一步：进行整体规划。规划要解决的问题包括确定什么样的营销目标。营销目标主要有3类：曝光、口碑、转化。

第二步：建立抖音品牌内容生态，即用什么样的内容来实现营销目标。主要概括为3种形式：类人设、虚拟化和情感化。要评估这3类内容哪一种适合实现企业的营销目标。

第九章 农产品短视频与直播营销实战

第三步：确定营销规划。确定营销目标和内容生态后，该怎么样使内容在抖音上形成更好的传播效果。

在做抖音企业号规划之前，要明确一个概念，即人格化。人格化运营是最关键的一步，因为人格化的内容可以有效地解决未来企业的营销目标，是有效实现内容生态以及进行有效传播非常重要的一个核心部分。

第二个阶段——内容精准、持续输出。

放大第一阶段所积累的基础流量，如果没有特长，也千万不要乱发，可以使用美册制作一些热门视频，坚持深耕一个分类，也能起到很不错的效果。

2. 爆款增粉

首先确定爆款。这是基于抖音的推荐机制，滚流量池的方式。这种机制最重要的是看4个指标：完播、点赞、评论、转发。所以为了解决这个机制性的问题，初期一定要迅速积累粉丝，如果不能迅速积累粉丝，在4个指标上一直很低，滚到大流量池的概率会很小。

视频发布后提升粉丝量的这4个方式，需注意如下几点。

①在视频描述里，引导用户完成点赞、评论、转发或看完视频的动作。

很多短视频会在视频描述和视频开头、结尾写道"一定要看到最后""喜欢这些农产品的快点赞吧"，就是为了提升完播率。

②在视频描述里，设置一些互动问题，引导用户留言评论，提升评论量。

③通过回复用户评论，提炼视频核心观点，引导更多用户参与到话题讨论中来，进一步提升评论量。

④提前准备好评论，视频发出后，让好友写在评论区，引导用户围绕这个话题展开更多互动，以提升这4个指标。

(四) 转化变现

很多人内容做得挺好，粉丝量也可以，但是在转化变现环节，有些尴尬。其实变现取决于内容，如果内容当中没有给观众做心理暗示设置，就没办法有目的地引导观众购买下单。

主要通过引流销售的方式变现：引流到自由流量池，销售产品或者招募代理商，这是大家都比较熟悉的微商模式。知识分享，可以自己拍，也可以让顾客拍摄，发布抖音的时候，注意带上店铺位置，抖音会优先展示给本地用户。

微信群管理：参与线下活动的群、普通粉丝群和周边群，构成3个梯次的社群结构，每个群都需要配置两个管理员，轮流值班。

广告收入：当有一定的粉丝量后，就会有很多广告商家主动找上门，广告费具体商谈即可。

电商变现：通过抖音的电商橱窗功能，视频中插入商品，可跳转到淘宝成交。

第二节 淘宝直播营销

一、申请淘宝直播账号

对于新手来说，决定成为主播后需要迈出的第一步就是申请注册一个主播账号。

(一) 申请主播账号的条件

为了规范直播平台的管理，淘宝对主播申请设置了一些准入门槛。一般而言，刚入行的主播可以选择成为机构主播或个人主播，但二者的必备条件略有不同。

对于机构主播而言，其申请条件如下：第一，要具备一定的主播素质及能力；第二，要有一个已绑定支付宝且通过实名认证的淘宝账号；第三，申请者需入驻阿里创作平台成为达人，且账户状态正常；第四，淘宝账号未在淘宝开通店铺。

以上4点至关重要，其中第4点尤为重要。如果想申请成为机构主播，申请者的淘宝账号是不能开通淘宝店铺的。对于以前开通过淘宝店铺的账号，则需要关闭店铺，并将店铺里的所有商品下架。淘宝工作人员会对此进行审核，用时为3~6周。待店铺成功关闭之后，就可以申请成为机构主播了。

对于个人主播而言，其申请条件与机构主播的入驻条件大体上是一致的，只是多了一个要求：达人账号等级至少需达到二级。这意味着申请者首先需要开通达人账号并对其进行维护，如经常发布微淘动态、与粉丝互动等。等达人账号等级达到二级时，就可以申请成为个人主播了。以上就是申请成为机构主播和个人主播的必要条件。

(二) 机构主播账号开通流程

想要成为机构主播的申请者，需要和淘宝合作机构签约，并签署主播经纪合同。签署合同之后，由机构收集主播的身份证号、ID等个人信息，并在后台发起绑定申请。成功绑定机构后，申请者就拥有了成为机构主播的资格，可以开通直播账号，进入淘宝主播入驻的审核阶段。以上流程基本上是由淘宝合作机构在后台进行操作的，在此就不再赘述了。

(三) 达人账号开通流程

对于想要成为个人主播的申请者而言，必须先开通达人账号并维护至二级才能申请成为主播。但对于刚入门的主播而言，其中的一些选项难免会让人产生疑惑。以下是开通达人账号的详细攻略。

开通达人账号的第一个环节是选择账号类型。在电脑端打开阿里·创作平台后，会出现这样一个页面（图9-9），单击"开通"按钮，使用淘宝账号和密码进行登录。

图9-9　阿里·创作平台页面

登录成功之后，就进入到选择开通账号类型的页面（图9-10所示）。该页面有"微淘号·达人""微淘号·商家""品牌号"3个选项，单击"微淘号·达人"选项。

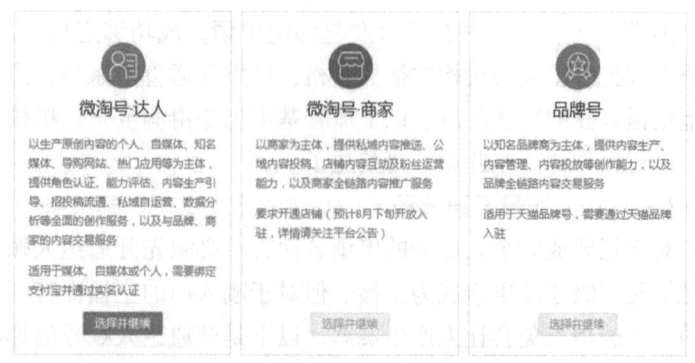

图9-10　选择开通账号类型的页面

第九章 农产品短视频与直播营销实战

随后,就进入到了第二个环节——检测账号(图9-11)。申请者的淘宝账号需要同时绑定支付宝账号和身份证号并通过支付宝实名认证。需要注意的是,所绑定的身份证号必须是年满18周岁的公民的。每个符合要求的身份证号都有且只能开通一个创作号,且达人账号所有者的身份证需要与绑定的支付宝账号所有者的身份证保持一致,否则将无法通过角色认证的环节。达人账号开通后,其关联的旺旺账号若解绑支付宝账号,则将被限制使用平台功能,直至重新绑定支付宝账号。

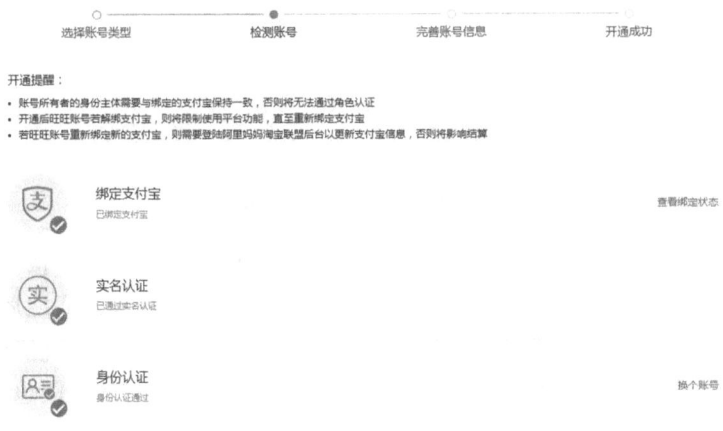

图9-11　检测账号页面

完成第二个环节后,就进入到了完善账号信息的环节。单击"下一步"按钮后,就进入到填写账号基础信息的页面(图9-12)。在填写基础信息时,需要注意,"账号名称"就是给自己的达人账号取个名字,这个名称是可以更改的,开播以后可以改成符合主播人设的新名称;"账号头像"建议选择肩部以上取景的个人近期图片;"账号简介"即介绍自己的简短文字。

完成基本信息的填写之后需要勾选"我已阅读并同意《阿

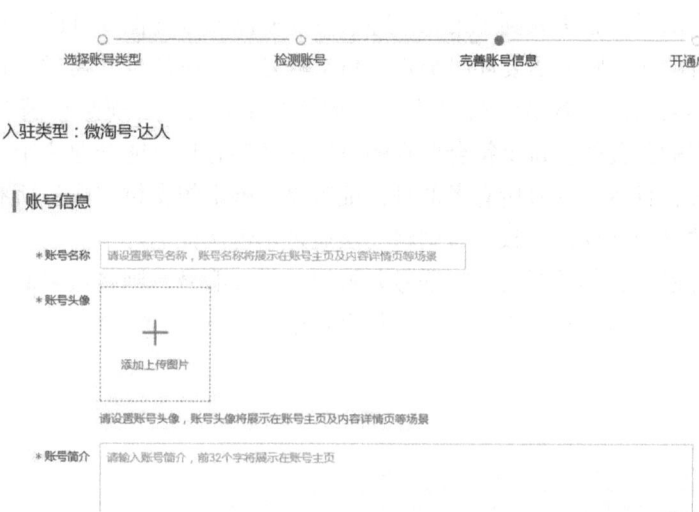

图 9-12　完善账号信息页面

里·创作平台合作协议》"复选框，随后再单击"开通"按钮。提交以上信息后，达人账号即时成功开通。达人账号开通之后，需要申请者时常发布微淘动态，这将有利于申请人开通直播账号。同时，达人账号的等级越高，开通直播后所享有的权限也就越大。

(四) 个人主播账号开通流程

开通个人直播账号可以在手机端进行申请。

首先，申请者需要在手机端下载淘宝主播 App（图 9-13），下载成功后进入首页，登录自己的淘宝账号。

第一次成功登录之后，会进行安全监测，向该账号绑定的手机发送验证码，输入收到的验证码即可。验证码输入后，进入淘宝主播 App 后台，点击"立即入驻，即可开启直播"按钮（图 9-14）。

进入主播入驻界面，点击"去认证"，进行实名认证

图9-13 淘宝主播App图标

图9-14 立即入驻界面

(图9-15)。按提醒进行人脸验证操作，完成认证，注意这里一定是账号本人才行。

实名认证通过后自动返回到主播入驻页面，会显示认证通过，点击下面"同意以下协议"，再点击"完成"。完成后显示主播入驻成功，可获得限时流量补贴（图9-16），点击"返回首页"即可。

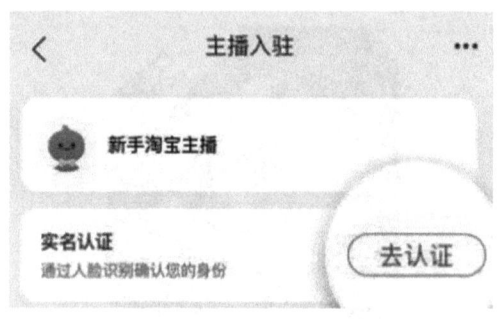

图 9-15　实名认证界面

图 9-16　入驻成功界面

二、发布直播前的准备工作

首先，需要确保有稳定的无线网络或 5G 网络。如果网络质量不好，会在直播时造成卡顿，影响观众观看视频的效果；因此，稳定的网络是成功开启一场直播的首要因素。

其次，需要下载或更新到最新版本的淘宝主播 App。如果是

第九章 农产品短视频与直播营销实战

用手机端发起的直播，还要确定淘宝主播App拥有手机麦克风及摄像头的使用权限。

最后，在允许的条件下还可以加配补光灯及防抖效果，以保证直播达到最佳效果。

三、开启直播

开通直播权限后，即可使用手机随时随地发起直播。在手机端发起直播的具体操作方法如下。登录淘宝主播App，点击"手机直播"按钮。进入创建直播页面，设置直播类型、直播标题、内容简介、频道栏目、直播地点等信息，然后点击"添加宝贝"选项。在打开的界面中点击"+"按钮，选择要添加的商品，然后点击"确认"按钮。如果在直播过程中需要添加商品，可以点击按钮，选择需要添加的商品进行添加即可。

在以上所有的操作都完成之后，就可以点击进入到直播页面。此时会出现两个选择，即普通直播或高清直播，二者都是可选项，主播可根据网络的稳定程度来选择。在网络足够稳定的情况下，建议尽量选择高清直播，因为普通直播所呈现的画面像素没有那么高，并且还有可能出现分辨率低的问题，使画面看起来模糊不清，影响观众的观看体验。

直播创建成功之后，将会进入到直播界面。直播界面的左上角有一个"直播中"的标志，其右侧显示直播的时长。建议主播们每场直播尽量保持在两个小时以上。观看数是累积的，指整个开播的时间段内进入直播间的总人数。也就是说如果有一个观众进入直播间后退出了，再进入直播间，就会被计为两次观看。点击观看数就能切换成当前的在线状态，即当前有多少人在观看直播，主播可以根据在线人数在直播间实施一些相应的措施来吸引粉丝。

四、淘宝直播营销案例

淘宝直播是"直播+电商"的典型代表,是淘宝平台上千万卖家实施用户运营、互动营销的有力工具。下面就以"沃隆"品牌的直播账号"沃隆坚果汇"为例,介绍农产品卖家开展直播的策略。

(一)直播模式

"沃隆官方旗舰店"的品牌运营方在淘宝平台创建了直播账号"沃隆坚果汇",该直播账号每天坚持直播。"沃隆"品牌方将自播作为与短视频、图文等工具相似的营销工具来使用,通过店铺自播向买家提供更优质的商品展示和客户服务,加深品牌与买家之间的情感联系,沉淀私域流量。

在保持店铺自播的基础上,"沃隆"品牌方还不定期与"达人"主播合作,借助"达人"主播的影响力提高品牌知名度,并打造直播爆款商品。

在直播运营中,食品类账号运营者可以通过店铺自播与"达人"直播相结合的方式来提升品牌整体直播的运营效果,使店铺自播与"达人"直播形成合力,共同为品牌发展助力。

(二)直播间布景策略

在"沃隆坚果汇"直播间中,主播是坐着直播的,直播间分为3个部分(图9-17)。直播间的背景为置物架,用于展示"沃隆"的品牌标志和店铺内的爆款商品;直播间的前景为桌子,用于摆放直播商品;主播坐在桌子和置物架之间,负责商品讲解。这样的直播间布景简单、整洁,信息展示完整,且将直播画面做出了景深效果,让直播画面更具层次感。

如果主播选择站立直播,可以搭建实操型直播间,即主播在讲解商品的过程中向用户展示食物的加工方法。在实操型直播间

第九章 农产品短视频与直播营销实战

图 9-17 直播间布景

中，背景可以采用风格清新的厨房合成图或厨房实景，以给用户营造场景感。主播可以穿一些比较专业的服装，如穿戴手套、口罩、厨师服、厨师帽等，这样有利于让用户在观看直播时更有沉浸感。

(三) 直播商品讲解策略

在"沃隆坚果汇"直播中，主播在讲解商品时通常会采取以下 4 种策略。

(1) 介绍食品的材料 "沃隆坚果汇"的主播会向用户介绍食品所使用的材料,以突显食品选材的高品质。例如,在介绍一款坚果大列巴时,主播这样说:"这款坚果大列巴一袋是400克,含有30%的果仁,添加的果仁分别是美国蔓越莓干、新疆黑加仑葡萄干、智利核桃仁,选用的是新鲜土鸡蛋、波兰牛奶、比利时进口黄油。传统的大列巴质地偏硬,吃起来会比较干,我们这款大列巴添加的是比利时进口黄油,口感更加细腻。"

(2) 介绍食品的重量或数量 主播会向用户清楚地说明食品的重量或数量。例如,在介绍一款"每日坚果"时,主播这样说:"这款坚果有成人版和儿童版两款,成人版和儿童版都是一盒750克,里面都是30小包,每小包25克。成人版每个小包里面有扁桃仁、腰果、核桃仁、榛子仁、蔓越莓干、蓝莓干,儿童版每个小包里面有扁桃仁、腰果、核桃仁、榛子仁、蓝莓干,适合3~7岁的小朋友吃。"主播将食品的重量或数量说清楚,有利于避免用户与卖家因为食品重量或数量产生纠纷。

(3) 介绍价格优势 价格优势主要是指直播间推荐的食品比其他同类食品价格低,或者采用组合套餐、五折卡、优惠券等形式拉低价格。"沃隆坚果汇"会在直播间为用户设置优惠券或多件购买折扣优惠,主播通常会建议用户使用优惠券或折扣优惠进行购买,并在纸板上展示使用优惠券或折扣优惠后的价格优势,以刺激用户下单。

(4) 引导用户加入会员 在直播中,"沃隆"品牌方会设置会员专属优惠价格、入会优惠券、会员购物金等,"沃隆坚果汇"的主播会不断地引导用户加入品牌会员,并强调会员购物能享受更多优惠,借助利益点吸引用户成为会员,为品牌积累私域流量。

除了以上4种讲解策略外,在农产品直播中,主播还可以从以下 6 个角度来讲解商品。

（1）对口感进行形象的描述　美食讲究美感，主播要用语言表现出食品的美感，围绕食品的色、香、味、形进行描述，突出食品的优势，最好配上图片、视频或实物，这样对用户才更有诱惑力。例如，在推荐烤羊腿时，主播可以边进行实物展示，边这样介绍："羊肉的质地和光泽：经过炭烤之后羊腿外表金黄油亮，外部肉焦黄发脆，内部肉绵软鲜嫩，真的是外焦里嫩。吃到嘴里既不会太硬又不会太软，恰到好处，口感特别棒，而且羊肉味清香扑鼻，不仅吃着好吃，看着也很有食欲，所以和家人、朋友一起吃烤羊腿，绝对是一种享受。"主播要通过语言描述调动用户的视觉、味觉、嗅觉等感官感受，让其产生隔着屏幕就能感受到食物美味的感觉。

（2）强调食品的安全性　食品的安全性是指食品无毒、无害，符合营养要求。安全是食品消费的基本要求。主播可以围绕食品的原材料选取、清洗、切割、烹饪、制作、包装、储存、运输等一系列流程来介绍食品的安全性，还可以用数据、食品安全国家标准进行背书，或者采用现场检测、试验的方式来赢得用户的信任。

（3）强调食品的独特性　不同的地方都有其特色美食，人们的口味需求也存在差异。主播在销售一些特色美食（如北京烤鸭、天津麻花、广西柳州螺蛳粉等）时，要找准受众群体，贴合用户需求，强调食品的特色，以及与同类食品的差异性，以赢得用户的好感。主播也可以从烹饪手法、秘制酱料或口味口感等内容出发来描述食品。

（4）演示加工过程并试吃　主播演示食物加工过程时，要当场拆包并加工。展示其加工过程时，尽量多用近景展示食物的全貌，详细描述食物的外观，主播试做、试吃后再描述食物的味道、口感等，既向用户传递了食物的烹饪方法，又展示了食物的美味。

在讲解食品或试吃食品时，主播要用特写镜头展示食品的细节和质感，加大给用户带来的视觉冲击力。

（5）营养价值　主播在介绍美食类商品时，可以根据大众对此类商品的需求强调商品在某一方面的营养，食用后对人体的好处等。

（6）展示个性化吃法　主播在介绍某款食品时，可以展示食品的个性化吃法，用多样化的食用方法激发用户的购买欲望。例如，在介绍麦片时，主播提前准备好酸奶或椰汁，然后将麦片与酸奶或椰汁混合到一起，这样主播在试吃麦片时带给用户的体验会更加真实。

参考文献

陈盛,2021.农产品直播带货一本通[M].兰州:甘肃科学技术出版社.

戈旭皎,2020.农产品直播卖货超级口才训练[M].北京:人民邮电出版社.

黎金玲,2019.农产品及农资营销[M].北京:中国农业大学出版社.

李维,2020.短视频营销[M].北京:中华工商联合出版社.

陆雨苗,2021.淘宝直播书[M].北京:电子工业出版社.

史安静,高黎明,王艳芳,2021.农产品短视频直播营销[M].北京:中国农业科学技术出版社.

隗静秋,廖晓文,肖丽辉,2020.短视频与直播运营[M].北京:人民邮电出版社.

郑海光,刘海宁,韩吉林,2020.农产品短视频+直播[M].北京:中国农业科学技术出版社.